Andreas Stieglitz

# Wanderführer
# Sardinien

# Inhalt

| | |
|---|---|
| Wandern auf Sardinien | 6 |
| Der Bergrücken, über den kein Hund kommt | 8 |
| Wildschweine, Safran und bitterer Honig | 10 |
| Hirten und Banditen | 12 |
| Es stiehlt, wer übers Meer kommt | 14 |

**Tour 1** Ein Abenteurer im Dienst Italiens – Rundwanderung auf Caprera (3.30 Std.; mittelschwer) *Maddalena* — 16

**Tour 2** Geformt von Wind und Wetter – Um das Capo Testa (2.30 Std.; mittelschwer) — 21

**Tour 3** Nordsardinien zu unseren Füßen – Von Vallicciola über die Hänge des Monte Limbara (2.30 Std.; einfach) — 24

**Tour 4** Zur Mondbucht – Von Cala Gonone zur Cala di Luna (2.45 Std.; mittelschwer) *Strand/Uta* — 26

**Tour 5** Die Schlucht des Wasserstrudels – Vom Ponte sa Barva zur Gola su Gorropu (3.30 Std.; mittelschwer) — 30

**Tour 6** Grünland in felsiger Einöde – Vom Ponte Sa Barva zum Monte Tiscali (4.30 Std.; anspruchsvoll) — 34

**Tour 7** Die sardischen Dolomiten – Von Maccione auf den Monte Corrasi (4.30 Std.; mittelschwer) — 39

**Tour 8** Ein Menhir aus grauer Vorzeit –
Von der Chiesa San Pietro di Golgo zur Cala
Goloritze (4 Std.; mittelschwer) **42**

**Tour 9** Übers Gottesfeld –
Auf dem Supramonte di Urzulei
(4.30 Std.; mittelschwer) **46**

**Tour 10** Schiffbruch einer Königstochter –
Von Baunei nach Santa Maria Navarrese
(3.15 Std.; einfach) **50**

**Tour 11** Schroffe Karstzinne am Meer –
Von Santa Maria Navarrese zur Pedralonga
(3 Std.; mittelschwer) **54**

**Tour 12** Felsschroffen in wilder Natur –
Rund um Ulassai
(4.30 Std.; mittelschwer) **56**

**Tour 13** Das Nuraghendorf am Abgrund –
Auf den Taccu Isara
(4 Std.; mittelschwer) **60**

**Tour 14** Fuchs und Wiedehopf –
Im Staatsforst Montarbu zum Monte Tonneri
(3 Std.; mittelschwer) **64**

**Tour 15** Das Dach Sardiniens –
Aufstieg zur Punta La Marmora
(4.30 Std.; mittelschwer) **68**

**Tour 16** Panorama vom Felsturm –
Von Aritzo auf den Meseddu de Texile
(3.15 Std.; mittelschwer) **73**

**Tour 17** Maronen und Holztruhen –
Von Aritzo nach Belvi
(4.30 Std.; mittelschwer) **77**

**Tour 18** Im Bergland der Sieben Brüder –
Rundwanderung zum Monte
dei Sette Fratelli
(5.30 Std.; anspruchsvoll) **82**

**Tour 19** Ein Stein auf dem andern –
Durch das Maidopis-Tal zur Perda sub'e Pari
(5 Std.; mittelschwer) **87**

**Tour 20** Das Kap, das den Wind teilt –
Entlang der Costa del Sud zur Torre di Chia
(5 Std.; einfach) **90**

**Tour 21** Wildbirnen und Karstschlünde –
Durch den Staatsforst Marganai
(4 Std.; mittelschwer) **94**

**Tour 22** Vom Gipfel in die Unterwelt –
Von der Grotta di San Giovanni auf die
Punta San Michele (5 Std.; anspruchsvoll) **98**

**Tour 23** Der Gott der Sarden –
Doppelschleife um den Tempio di Antas
(5.45 Std.; anspruchsvoll) **102**

**Tour 24** Schilfrohr-Fluss, Bienenschlucht –
Durch den Staatsforst Montimannu auf die
Punta Piscina Irgas
(4.15 Std.; mittelschwer) **108**

**Tour 25** Am Brennholz-Berg –
Aufstieg zur Punta Cammedda
(4.30 Std.; anspruchsvoll) **112**

**Tour 26** Kreuzweg auf den heiligen Berg –
Rundwanderung zum Monte Arcuentu
(3.30 Std.; anspruchsvoll) **115**

**Tour 27** Wildpferde auf dem Tafelberg –
La Giara di Gesturi
(2.45 Std.; einfach) **118**

**Tour 28** Schwarzes Gold am Erzberg –
Durch die Gipfelregion des Monte Arci
(3.30 Std.; mittelschwer) **123**

**Tour 29** Spuren der Nuraghenzeit –
Vom Brunnenheiligtum Santa Cristina
zu versteckten Nuraghen (3.30 Std.; einfach) **127**

**Tour 30** Auf den ›Ätna der Sarden‹ –
Durch die Gipfelregion des Monte Ferru
(2.45 Std.; einfach) **131**

**Tour 31** Olivenbäume und Flaumeichen –
Von Bolotana auf die Catena del Marghine
(5 Std.; mittelschwer) **134**

Tour **32** Das Kloster am kahlen Berg –
Durch die Wälder der Catena del Goceano
(5.30 Std.; mittelschwer) **138**

Tour **33** Panorama vom Tafelberg –
Rundwanderung auf den Monte Minerva
(2.15 Std.; einfach) **142**

Tour **34** Die Landspitze der Lilie –
Am Porto Conte zur Punta del Giglio
(3 Std.; einfach) **145**

Tour **35** 654 Stufen in Neptuns Reich –
Von der Grotta di Nettuno zur Torre della Pegna
(5 Std.; anspruchsvoll) **148**

Adressen **151**
Register **152**
Abbildungsnachweis/Impressum **156**

## Das Klima im Blick · atmosfair

Reisen verbindet Menschen und Kulturen. Wer reist, erzeugt auch $CO_2$.
Der Flugverkehr trägt mit bis zu 10 % zur globalen Erwärmung bei. Wer
das Klima schützen will, sollte sich – wenn möglich – für eine schonen-
dere Reiseform entscheiden. Oder die Projekte von *atmosfair* unter-
stützen: Flugpassagiere spenden einen kilometerabhängigen Beitrag
für die von ihnen verursachten Emissionen und finanzieren damit Projekte in Entwicklungsländern, die dort den Ausstoß von Klimagasen ver-
ringern helfen *(www.atmosfair.de)*. Klar – auch der DuMont Reiseverlag fliegt mit *atmosfair!*

# Wandern auf Sardinien

## Wandersaison

Auf Sardinien kann man das ganze Jahr über wandern, die heißen Monate Juli/August ausgenommen. Am schönsten ist es im Frühjahr, insbesondere im Mai; im April muss mit wechselhaftem Wetter und Regen gerechnet werden. Im Herbst präsentiert sich die Insel mehr in Brauntönen, dafür herrscht bis Anfang Oktober Badewetter mit angenehmen Meerestemperaturen. Das Wetter ist insgesamt stabiler als im Frühjahr, aber es kann noch ziemlich heiß sein. In den Wintermonaten (Dezember bis Februar) herrscht häufig kühles, trockenes Hochdruckwetter, das zum Wandern geeignet ist; in höheren Lagen kann gelegentlich Schnee liegen.

## Wege und Markierungen

Nur selten sind Wanderwege auf Sardinien gekennzeichnet. Die sardische Forstbehörde hat ein markiertes Wegenetz mit 76 Routen (Rund- und Streckenwanderungen) angelegt. Die 36-seitige Broschüre »Un'Isola di sentieri. 76 itinerari per il trekking in Sardegna« (Italienisch und Englisch) ist als PDF erhältlich, ebenso zwölf großformatige Wanderkarten. Die Wege sind allerdings nicht immer verlässlich markiert, und es gibt auch keine nähere Wegbeschreibung. Der Download erfolgt über die Website www.sardegna ambiente.it/foreste, weiter geht es über die Stichwörter »Foreste e parchi« und »Sentieri«.

## Anspruch

In der Rubrik »Die Wanderung in Kürze« wird jeweils darauf hingewiesen, ob es sich um eine einfache (+), eine mittelschwere (++) oder eine anspruchsvolle (+++) Tour handelt.

## Gehzeiten

Alle Zeitangaben verstehen sich als reine Gehzeiten. Man sollte bei der Planung einer Tour noch etwa ein Drittel der Zeit hinzurechnen, um Pausen für die Rast oder zum Fotografieren, Abstecher oder Verzögerungen durch schwierige Orientierung zu berücksichtigen.

## Karten

Das amtliche topografische Kartenwerk Italiens, herausgegeben vom Istituto Geografico Militare (IGM), ist für Sardinien in den 1990er-Jahren im Maßstab 1:25 000 und 1:50 000 vollständig erschienen. Diese Kartenblätter verfügen über eine detaillierte Geländedarstellung; alte Wege können allerdings in der Zwischenzeit zugewachsen und verschwunden sein.

Die Karten lassen sich über das Internet beim IGM bestellen. Klicken Sie dazu auf dessen Website www.igmi.org unter dem Menüpunkt »Negozio on line« die Schaltfläche »Vai al sito« an. Die gesamte Menüführung ist allerdings nur auf Italienisch.

## Ausrüstung

Knöchelhohe Leichtwanderstiefel mit guter Profilsohle sind unbedingt empfehlenswert. Wichtig ist ein ausreichender Sonnenschutz: Kopfbedeckung und Sonnencreme mit hohem Lichtschutzfaktor. Von Oktober bis Mai sollte man auch an warme Kleidung und Regenschutz denken. Teleskopstöcke (möglichst beidseitig) erhöhen die Trittsicherheit und entlasten die Gelenke. Kompass und Höhenmesser können bei schwieriger Orientierung sehr hilfreich sein. Unterwegs bieten sich nur selten Einkehrmöglichkeiten, sodass man meist Proviant und reichlich Getränke mitnehmen muss. Als Notproviant empfiehlt sich energiereiche Nahrung (Nüsse, Fruchtschnitten, bei kühler Witterung auch Schokolade).

## Notruf

118 Allgemeine Notrufnummer
112 Polizei (Carabinieri)
113 Straßenpolizei, Unfallrettung

## Sicherheit

Viele Wanderungen führen durch einsame Gegenden, in denen man stundenlang keiner Menschenseele begegnet, und es kann lange dauern, bis im Notfall Hilfe zur Stelle ist. Man sollte daher nie allein wandern und die beschriebene Route nicht verlassen. Landschaften unterliegen einem steten Wandel, sodass auch detaillierte Wegbeschreibungen veralten können. Falls einmal eine Wanderroute anders als hier beschrieben erscheint und der Wegverlauf unsicher ist, sollte man vorsichtshalber umkehren. Im abgestellten Auto sollte man keine Wertsachen liegen lassen, auch wenn sie noch so gut verdeckt sind.

# Der Bergrücken, über den kein Hund kommt

Auf Schritt und Tritt begegnen sie Wanderern auf Sardinien: rätselhafte Namen von Bergen, Tälern, Flüssen und Landschaften. Erst die Übersetzung enthüllt höchst anschauliche Bezeichnungen, die zumeist keiner weiteren Erklärung bedürfen. *Sa perda crapias* (der Ziegenstein), *sa funtàna is álinos* (die Erlen-Quelle) und *sa punta conca de sa rutta* (der Sturzkopf-Gipfel) sind nur einige Beispiele bildhafter Namen. Die allermeisten Wörter entstammen dem Sardischen, einer eigenständigen romanischen Sprache, die sich wie Italienisch, Französisch oder Spanisch auf der Basis des Vulgärlateins entwickelt hat.

Wörter mit vorromanischem Ursprung haben eher Seltenheitswert; zu nachhaltig war die sprachliche Durchdringung während der Römerzeit. Aus der bronzezeitlichen Nuraghenkultur stammt die Wortsilbe ›nur‹, die nicht nur in dem Wort ›Nuraghe‹, sondern auch in vielen Ortsnamen wie Nora oder in der Landschaftsbezeichnung Nurra auftaucht. Auch *éni* (Eibe), *murdègu* (Zistrose), *garròppu* (Wasserstrudel) und *kùkkuru* (Gipfel) entstammen vielleicht der Sprache der Nuragher – einer Sprache, deren Herkunft im Dunklen liegt. Als sich die Punier zu den Herren der Insel aufschwangen, hielt auch ihre Sprache Einzug. Neben einigen Eigennamen wie Karali (Cagliari) haben sich indes nur drei Wörter punischen Ursprungs nachweislich bis heute erhalten: *mitza* (Quelle), *zikkirìa* (Dill) und *zipiri* (Rosmarin).

Mit der Romanisierung konnte sich das umgangssprachliche Latein, das sogenannte Vulgärlatein, verhältnismäßig schnell ausbreiten. Auf dieser Basis konsolidierte sich das Sardische während der Spätantike und im Frühmittelalter als Sprache einer einfachen Hirten- und Bauernkultur. Dabei blieb Sardisch wie kaum eine andere Sprache dem Lateinischen treu, nur wenig verändert sind Wortschatz, Lautstand und Satzstellung gegenüber den klassischen Formen. Der sprachliche Archaismus spiegelt die wirtschaftliche und gesellschaftliche Stagnation wider, die über Jahrhunderte für Sardinien kennzeichnend war. In dieser von fremden Einflüssen weitgehend abgeschiedenen Welt konnte sich das zur Zeit der Romanisierung gesprochene Vulgärlatein besonders rein erhalten.

Im Laufe des Mittelalters zersplitterte das Sardische in verschiedene Dialekte. Vorherrschend sind das Campidanesische im Süden, das die größte Sprecherzahl hat, und das Logudoresische im mittleren Nordwesten. Besonders archaisch und somit dem Lateinischen ähnlich sind die Dialekte der Barbagia und des Nuorese im abgeschiedenen Bergland Ostsardiniens. Unter allen Dialekten gilt das Logudoresische als das ›klassische‹ Sardisch. Seine sprachlichen Weihen erhielt es 1395, als Eleonora von Arborea (1340–1402/04), die berühmte Herrscherin über eines von vier sardischen Kleinkönigreichen, ein umfassendes Zivil- und Strafgesetzbuch im logudoresischen Dialekt niederschreiben ließ. Mit der Veröffentlichung der Carta de Logu wollte Eleonora auch auf kulturellem Gebiet ihren – letztlich allerdings erfolglosen – Freiheitskampf gegen die aragonesische Fremdherrschaft führen und das sardische Selbstbewusstsein stärken. Bis heute wird sie als eine Art Freiheitsheldin und Nationalheilige verehrt.

Leider ist Sardisch immer seltener zu hören. Nie konnte es den Rang einer schriftsprachlich normierten Hochsprache erreichen, denn stets war die Sprache der jeweiligen Herrscher zugleich offizielle Amts- und Hochsprache, die schließlich auch von einem Teil der Bevölkerung in den Städten gesprochen wurde. Über viele Jahrhunderte waren Katalanisch und Spanisch tonangebend. Mit der piemontesischen Herrschaft über Sardinien wurde im 18. Jh. das Italienische eingeführt – mit großem Erfolg. Für die jüngeren Sarden und in den Städten ist das Italienische inzwischen zur normalen Umgangssprache geworden; nur in den ländlichen Gebieten herrscht noch Zweisprachigkeit. Sardisch ist heute die Sprache der Alten und der Landbevölkerung, eine Sprache, die trotz der Pflege auf Heimatfesten wohl unaufhaltsam am Verklingen ist. Nur auf Wanderungen durch Feld und Flur, mit Blick auf die Karte oder im Gespräch mit Hirten und Bauern, ist das gewachsene sprachliche Substrat der Insel noch allgegenwärtig. Und vielleicht entdeckt man auf dem Supramonte von Baunei auch *s'atza ove non passa cane* – den Bergrücken, über den kein Hund kommt.

# Wildschweine, Safran und bitterer Honig

So vielgestaltig wie die Landschaften der Insel, so vielfältig ist die traditionelle Küche Sardiniens. Naturgemäß ist sie der Hirten- und Bauernwelt eng verbunden, während Fischgerichte eine untergeordnete Rolle spielen. Am Spieß gebratenes Fleisch *(arrosti)*, insbesondere Spanferkel *(porchetto)*, Lamm *(agnello)* und Wildschwein *(cinghiale)*, steht im Mittelpunkt der sardischen Gastronomie. Ganz vorzüglich ist der luftgetrocknete Schinken *(prosciutto di montagna)* der halbwilden Schweine; häufig wird er zusammen mit Oliven und Schafskäse als Vorspeise gereicht. Typische Gerichte, die in Restaurants als erster Gang serviert werden, sind die *malloreddus* (ital. *gnocchi sardi)*, winzige Nudeln, die mit Fleisch und Tomatensoße angerichtet werden, sowie sardische Ravioli *(colunzònes)*, die mit Ricotta, Fleisch oder Kräutern gefüllt sind. Beliebt ist auch ein Risotto mit Safran *(zafferano)*. Die Krokusart *(Crocus sativus)*, deren getrocknete Narben Safran ergeben, wird in Mittelsardinien angebaut; sardischer Reis kommt aus den Bewässerungsfeldern bei Oristano.

Feingebäck *(dolci sardi)* gibt es in großer regionaler Vielfalt. Frisch gegessen werden *casadinas*, Teigtäschchen mit einer zitronigen Ricotta-Füllung. Kunstvoll geflochten und mit einer Mandel- oder Nusspaste gefüllt sind die *tiliccas*. Zum Mandelgebäck gehören *bianchini* aus Zucker, Eischnee und gehackten Mandeln und *amaretti* aus einer stark gesüßten Mandelpaste. Bekannt ist auch der *torrone*, eine Art Nougat oder Türkischer Honig aus den Dörfern des Gennargentu. Eine Spezialität, die man sich keinesfalls entgehen lassen sollte, sind die *sebàdas (seàdas)*, mit Ricotta gefüllte Teigtaschen. In Öl ausgebacken und mit Honig bestrichen, werden sie heiß als Nachspeise serviert.

## Wildschweine, Safran und bitterer Honig

Unter den vielen Honigsorten ist der dunkelbraune *miele amaro* hervorzuheben. Dieser ›bittere Honig‹ wird vor allem in der Gallura produziert; sein herb-süßes Aroma verdankt er den Blüten des Erdbeerbaums.

Eine ähnliche Vielfalt wie bei den Speisen gibt es auch bei den Weinen Sardiniens. Der Wein, den die Winzer zumeist im Nebenerwerb produzieren, wird vorwiegend in dörflichen Winzergenossenschaften *(cantine sociali)* ausgebaut und vermarktet. Bekannte Sorten sind der Vermentino, ein trockener Weißwein, weich im Geschmack mit leicht bitterem Abgang, der ausgezeichnet zu Schalentieren und Meeresfrüchten passt, und der berühmte Cannonau, ein schwerer vollmundiger Wein von rubinroter, mit zunehmendem Alter orangeroter Farbe, der sich durch eine die Säure ausgleichende Samtigkeit auszeichnet und fruchtig schmeckt, hervorragend zu dunklem Braten und Wild passend.

Zu den erleseneren Weinen mit einem Alkoholgehalt von 16 bis 18 Prozent, die eher an Portwein oder Sherry erinnern, gehören der Vernaccia, ein goldgelber bis bernsteinfarbener Wein von delikatem Bukett mit einem angenehmen Hauch von Mandelbitter, und der Malvasier, ein leicht süßer bis trockener Wein von strohgelber bis goldgelber Farbe und mit deutlichem Mandelnachgeschmack. Gut gekühlt genießt man diese Weine als Aperitif, temperiert zum Dessert. Unter den höherprozentigen Spirituosen ist der Mirto hervorzuheben, ein roter *(rosso)* oder klarer *(bianco)* Kräuterlikör aus den Blättern und Beeren der Myrte (Myrtus communis). Gern trinkt man diesen etwas medizinisch schmeckenden Likör nach dem Essen. *Filu'e Ferru* (›Eisendraht‹) nennt sich ein Tresterschnaps, der früher heimlich gebrannt wurde. Einst stocherten die staatlichen Inspektoren mit Eisenhaken in dunklen Verstecken, daher der Name.

Brot gibt es in unzähligen Formen und Sorten, jedes Dorf kennt seine eigenen Rezepte. An Feiertagen und zu besonderen Anlässen, etwa zu Ehren des Schutzheiligen und bei Familienfesten, gibt es Brot aus besonders feinem weißem Stärkemehl, das in traditionellen Formen gebacken wird. Brot ist für die Sarden mehr als ein Nahrungsmittel – es ist das *sacru alimentu,* mit dem verschiedene Rituale verbunden sind. Ein sardisches Sprichwort besagt: »Qui comporat sa farina est cegu ad un oju, qui comporat su pane ad ambos« – »Wer Mehl kauft, ist auf einem Auge blind, wer Brot kauft, auf beiden«.

Die berühmteste Brotspezialität stammt ursprünglich aus den Hirtendörfern der Barbagia: *Pane carasàu* wird in hauchdünnen Rundscheiben gebacken und ist als Trockenbrot wochenlang haltbar. Früher nahmen es die Hirten mit, wenn sie ihre Herden in abgelegene Gegenden begleiteten. Aufgewärmt, mit Olivenöl besprenkelt und leicht gesalzen im Restaurant gereicht, mundet es zu einem Schluck Wein ganz vorzüglich. In Brühe aufgeweicht und mit Tomatensoße, reichlich Schafskäse sowie einem Spiegelei angerichtet, wird es als *pane frattau* auch in besseren Restaurants serviert.

Hirten und Banditen

# Hirten und Banditen

3,5 Millionen Schafe, rund das Doppelte der Einwohnerzahl Sardiniens, gibt es auf der Insel. Lammfleisch darf auf keiner Speisekarte fehlen, ebenso wenig wie Schafskäse an der Käsetheke. An erster Stelle rangiert *pecorino sardo*, ein würziger, länger gelagerter Schafskäse von pikanter Schärfe. Als Ricotta wird ein quarkähnlicher Frischkäse aus Schafsmilch angeboten. Die Weidewirtschaft, vor allem die Schafzucht, beschäftigt rund 23000 Hirten. Berücksichtigt man auch Käserei, Wollverarbeitung, Transport und Vertrieb (sardischer Schafskäse ist ein wahrer Exportschlager!), so ist jedoch etwa die zehnfache Anzahl von Arbeitsplätzen an diese Branche gekoppelt. Durch Ankauf oder Dauerpacht von aufgegebenem, da unrentablem Ackerland konnten sich viele Hirten eine solide Existenzgrundlage schaffen. Die früher weit verbreitete Transhumanz, der halbnomadische Wechsel zwischen Sommerweiden in den Bergen und Winterweiden in den wärmeren Tiefländern, ist durch Stallungen und den Einsatz von Trockenfutter im Rückgang begriffen.

Früher lebten die Hirten oft monatelang fernab der Heimat, in der Einsamkeit der Berge oder in den Tiefländern an den Küsten. Konflikte zwischen Hirten, Großgrundbesitzern und Bauern waren an der Tagesordnung. Das Einzäunungsgesetz von 1820, mit dem das zuvor gemeinschaftlich genutzte Land privatisiert wurde, schränkte die Freiheit der Hirten erheblich ein. Hohe Pachtsummen mussten nun für die Weidegebiete bezahlt werden. Die Reaktion ließ nicht lange auf sich warten. Im 19. Jh. häuften sich bewaffnete Raubzüge *(bardanas)* der

## Hirten und Banditen

entrechteten Hirten aus den Bergdörfern. Die Höfe der reichen Großgrundbesitzer und Bauern wurden überfallen, geplündert und in Brand gesetzt. Die letzte *bardana* fand 1894 von Orgosolo aus statt, als Tortoli überfallen und fast alle männlichen Einwohner sowie die meisten der dort kasernierten Soldaten getötet wurden.

In das wenig fruchtbare Bergland abgedrängt, begannen die Hirten, sich das Weideland untereinander streitig zu machen. Mit anderen Familien, vor allem aber mit den Bewohnern der Nachbardörfer stand man in ewiger Konkurrenz um die beschränkten Weidegebiete. Immer häufiger wurde Vieh gestohlen. Der Verlust seiner Herde, seiner ganzen Lebensgrundlage, stürzte den bestohlenen Hirten in den Ruin. Es kam zu blutigen Fehden und Rachefeldzügen. Der Kreislauf der Gewalt, in Bewegung gehalten durch ein ausgeprägtes Ehrgefühl, das immer neue Racheakte herausforderte, nahm kein Ende. Im Gegenteil: Erbfeindschaften entstanden zwischen Familien und ganzen Dörfern der Barbagia. Die Selbstjustiz gründete sich auf ein archaisches Rechtsverständnis, wonach die Schuld des Individuums zugleich die Schuld der Familie war.

Der endlose Kreislauf der Gewalt hat das Wesen der Menschen geprägt, wie Max Leopold Wagner 1908 bei einem Besuch der Barbagia notierte: »Man sieht die Männer nie ohne Waffe auf ihren Pferden dahertraben, und man scherzt nicht in Bitti. ›Non si scherza a Bitti‹, sagte mir eine schöne Bittesin, indem sie mit vollem Mund lächelte, dass das Elfenbeinweiß ihrer Zähne nur so leuchtete. ›Nicht einmal in der Liebe?‹ wagte ich zu fragen. ›In der Liebe noch weniger als in anderen Dingen‹, versetzte sie, nun plötzlich ernst geworden.«

Rache aus Gründen der Ehre wurde als rechtmäßig empfunden, und Straftaten, die von *banditi d'onore* (›ehrenwerten Banditen‹) begangen wurden, genossen dementsprechend einen gewissen Respekt. In seiner ›klassischen‹ Ausprägung ist das sardische Banditentum nicht mit gewöhnlicher Kriminalität zu verwechseln. Es stellte vielmehr eine nur aus der sozialen Ordnung heraus begreifbare Form der Selbstjustiz dar, von der Außenstehende nicht betroffen waren. Eine entscheidende Veränderung trat ein, als in den 1960er-Jahren die Moderne in diese archaische Hirtenwelt einbrach und der Jetset die Costa Smeralda zu erobern begann. Anstelle des verletzten Ehrgefühls als Tatmotiv war es nun reine Bereicherungsabsicht, die zu Raub, Erpressung und Mord führte, und statt der *banditi d'onore* von einst waren nun Gewalttäter ohne ›Moral‹ am Werk.

Diese spektakulären Fälle sind freilich die große Ausnahme. Freundlich grüßen die Hirten, denen man unterwegs begegnet, sprechen vielleicht sogar ein paar Brocken Deutsch, weil sie als Gastarbeiter in Sindelfingen oder Leverkusen waren, und geben Rat suchenden Wanderern hilfsbereit Auskunft. Woher und wohin, will man wissen, und freut sich über jeden Besucher der Insel. Später, zur Brotzeit, darf ein Stückchen des scharf-würzigen *pecorino sardo* nicht fehlen.

# Es stiehlt, wer übers Meer kommt

Kupfer, Silber, Blei, Eisen und viele andere Erze – schier unermesslich waren einst die Bodenschätze Sardiniens. Reich gefüllt war die Schatzkammer im Südwesten, der Iglesiente, als die Menschen am Ende der Steinzeit die Metallverarbeitung erlernten. Zunächst wurden Kupfer und Silber verhüttet. Ein entscheidender Fortschritt bestand darin, das weiche Kupfer mit Zinn zu legieren, um die wesentlich härtere Bronze zu gewinnen. Die Bronzezeit (1800–900 v. Chr.) ist auf Sardinien gleichbedeutend mit der berühmten Nuraghenkultur, die tausende zyklopischer Steintürme hinterlassen hat (s. S. 8). Die Nuragher hatten einen gewaltigen Bedarf an Kupfer, für Werkzeuge, Waffen und vor allem die Herstellung kunstvoller Statuetten. Diese *bronzetti* waren ebenso wie die Metalle selbst ein regelrechter Exportschlager und fanden ihren Weg bis nach Etrurien. Das zur Bronzeherstellung erforderliche Zinn ist im östlichen Mittelmeerraum sehr selten, doch gibt es am Monte Linas kleinere Vorkommen. Auch die reichen Bleilagerstätten des Iglesiente wurden von den Nuraghern intensiv ausgebeutet.

Die reichen Erzlager waren es, die ab 1000 v. Chr. das Seefahrervolk der Phönizier nach Sardinien lockten. Handelshäfen an den Küsten entstanden, etwa Karali, das heutige Cagliari. Das friedliche Nebeneinander nahm ein Ende, als die Phönizier mit der Kolonisierung der Insel begannen. Als Kaufleute waren sie gekommen, um Handel zu treiben, doch nun wollten sie selbst über die Erzschätze verfügen. »Furat ki venit da 'e su mare«, »Es stiehlt, wer übers Meer kommt«, sagt ein altes sardisches Sprichwort. Unterstützung erhielten die Phönizier von Karthago, der mächtigsten phönizischen Kolonie. Den Karthagern (von den Römern Punier genannt) gelang es im Jahre 509 v. Chr., den größten Teil Sardiniens zu erobern und Kontrolle über die Bergwerke zu gewinnen.

Nach der Besetzung Sardiniens durch Rom nahm der Bergbau einen gewaltigen Aufschwung. Unter der Aufsicht eines *procurator metallorum* arbeiteten Sklaven und Verbannte in den Bergwerken. Durch technische Neuerungen wie die archimedische Schraube gelang es den Römern, die Produktion zu steigern. Die Spuren ihrer Bergbautätigkeit waren in der Mitte des 19. Jh. noch allgegenwärtig: Neben mächtigen Schlackehalden gab es bis zu 150 m tiefe Schächte, in denen bergbauliche Werkzeuge und zahlreiche Lampen aus römischer Zeit gefunden wurden.

Mit dem Untergang des Römischen Reiches kam der Bergbau zum Erliegen. Erst die Pisaner nahmen die Minen wieder in Betrieb. Unter Graf Ugolino della Gherardesca entstand im 13. Jh. der Ort Villa di Chiesa (›Stadt der Kirche‹), das heute Iglesias. Diese Stadt entwickelte sich zum Zentrum des sardischen Bergbaus. Nachdem jedoch die Aragonesen 1323 die Vormacht über Sardinien errungen hatten, setzte der Niedergang ein. Ab Ende des 15. Jh. richtete sich das Interesse der spanischen Krone auf das Gold und Silber der Neuen Welt, und der sardische Bergbau wurde eingestellt.

Mit der Industrialisierung gewann der Bergbau im Iglesiente dann erneut große Bedeutung. Nach 1840 ermöglichte ein liberales Bergbaugesetz die Vergabe von Schürfrechten an fest- und ausländische Unternehmen. In der Folgezeit erwarben italienische, französische, englische und belgische Bergbaugesellschaften die unbefristeten Konzessionen; nur drei Prozent des Bruttoertrages waren an den Staat abzuführen. Zunächst galt das Interesse ausschließlich dem Bleierz, doch 1867 entdeckte man die mächtigen Zinkvorkommen des Iglesiente. Nun setzte ein regelrechter ›Galmeirausch‹ ein, der Spekulanten aus ganz Europa anlockte. Galmei leitet sich von ital. *gialla mina* ab (›gelbe Mine‹) und bezeichnet zwei gelbliche Zinkvererzungen. In den ersten vierzehn Monaten nach Entdeckung der Zinkvorkommen wurden rund 500 Konzessionen erteilt.

Die Minen im Umkreis von Iglesias und Montevecchio entwickelten sich rasch zu den größten Bergwerken Italiens. Während der frühindustriellen Phase waren die Lebensbedingungen jedoch katastrophal; jeder dritte Arbeiter starb an Tuberkulose. Im Kampf um besseren Lohn und mehr Rechte kam es zu blutigen Aufständen, die 1904 sogar den ersten Generalstreik Italiens zur Folge hatten.

Die stürmische Entwicklung des Bergbaus erfuhr jedoch Anfang des 20. Jh. immer wieder Einbrüche. Faschistische Autarkiebestrebungen führten ab 1935 zu einer künstlichen Wiederbelebung, doch 1943 brach der Bergbau fast vollständig zusammen. Er konnte sich zwar in der Nachkriegszeit kurz erholen, doch inzwischen ist er wegen weitgehender Erschöpfung der Minen und mangelnder Rentabilität vollständig zum Erliegen gekommen.

# Tour 1

# Ein Abenteurer im Dienst Italiens

## Rundwanderung auf Caprera

Bizarre Granitfelsen, türkisfarbene Buchten, gezähnte Bergkämme und jenseits der Meerenge die korsischen Berge in dunstiger Ferne – Caprera ist von unvergleichlichem landschaftlichem Reiz. Weitgehend unbesiedelt, steht die ›Ziegeninsel‹ seit 1980 größtenteils unter Naturschutz.

### DIE WANDERUNG IN KÜRZE

**++** Anspruch

**3.30 Std.** Gehzeit

**13 km** Länge

**Charakter:** Unschwierig. Deutliche Pfade, Schotterwege und Straßen, kaum Schatten. Die Tour am besten werktags unternehmen, da Caprera am Wochenende ein beliebtes Ausflugsziel der Einheimischen ist und dann mehr Verkehr herrscht. Leider wurden viele Wege auf Caprera von der Forstbehörde asphaltiert.

**Wanderkarten:** Carta topografica d'Italia, 1:50 000, 412 (Isola Maddalena) und 428 (Arzachena)

**Einkehrmöglichkeit:** Bar an der Casa Garibaldi

**Anfahrt:** Vom Hafen in La Maddalena (4,5 km) ostwärts entlang der Uferpromenade. Man hält sich rechts und folgt der Hauptstraße an Militärkasernen vorbei. Ein schmaler Damm führt auf die Insel Caprera. 350 m nach dessen Ende gute Parkmöglichkeit rechts neben der Straße (vor der Bushaltestelle), wo rechts ein Weg in die Macchia führt und schräg links gegenüber eine Asphaltstraße abzweigt. Mit dem Bus ist auch die Anfahrt von Maddalena möglich (www.gruppoturmotravel.com).

**Fährverbindung:** Etwa alle 15 Min. von Palau nach La Maddalena mit zwei Schifffahrtsgesellschaften; etwa 15 Min. Überfahrt. Tickets und Fahrpläne im Abfertigungsgebäude am Hafen (Cafeteria/Kiosk).

Vom **Parkplatz** 1 neben der Bushaltestelle wenden wir uns rechts auf den Weg, der zwischen zwei alten Eisenpfosten hindurch führt und in die

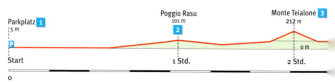

# Rundwanderung auf Caprera

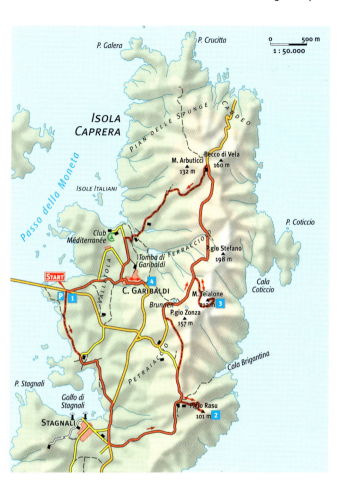

Macchia eintaucht. Auf dem Hauptweg wandern wir geradeaus an allen rechts abzweigenden Pfaden vorbei, die zur nahen Küste führen. Auch an der **Wegkreuzung** (15 Min.) unterhalb eines Gebäudes, das links oben auf einer Anhöhe steht, laufen wir geradeaus weiter. Bald passieren wir einen Pinienhain. Unmittelbar hinter einem bunkerartigen Bauwerk halten wir uns an der Gabelung rechts. Nun wandern wir geradeaus auf dem Hauptweg (entlang einer Piste) weiter, gelangen schließlich auf eine Straße und biegen rechts darauf ein. Nach kurzer Zeit halten wir uns an einer Gabelung links (rechts ist das »Museo geo-mineralogico« ausgeschildert). Danach erreichen wir ei-

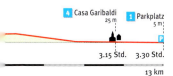

# Tour 1

ne große Straßenkreuzung und biegen auf die erste Straße nach links.

Allmählich wandern wir hangaufwärts und nähern uns einer Bergfestung, die am Westhang des Poggio Rasu (Sendeantenne) liegt und ursprünglich Ende des 19. Jh. erbaut wurde. In einer Linkskurve der Straße stehen rechts die Mannschaftsunterkünfte mit ihren künstlich begrünten Dächern auf einer Hangverflachung. Geradeaus führt ein Damm zur Geschützstellung am **Poggio Rasu** 2 (›Kahle Anhöhe‹; 1 Std.), die im Zweiten Weltkrieg ausgebaut wurde. Die Brücke über den Wehrgraben ist verfallen, doch kommt man rechts daneben durch den Graben und gegenüber wieder empor, um in die Anlage zu gelangen. Aus dem Granitgestein der Umgebung erbaut, scheint sie förmlich aus dem Fels gewachsen – angesichts der herrlichen Naturkulisse des Maddalenen-Archipels ein besonders nachdenklich stimmendes Monument!

Weit schweift der Blick über die zahlreichen Inseln und Felseilande des Maddalenen-Archipels, die eingetupft im azurblauen Meer liegen. Es sind die höchsten, den Meeresspiegel nur knapp überragenden Erhebungen einer untergegangenen Landbrücke, die einst Sardinien mit Korsika verband. Größte Insel ist

## Rundwanderung auf Caprera

*Arcipelago della Maddalena*

Maddalena mit der gleichnamigen Stadt, die 1770 als Militärhafen gegründet wurde und noch heute ein wichtiger Flottenstützpunkt ist, einschließlich einer Nato-Basis für Atom-U-Boote vor der Insel Santo Stefano.

Wir gehen zur Straße zurück und folgen ihr weiter bergauf. Nach kurzem Anstieg führt sie bergab. Alsbald verlassen wir sie in einer Linksbiegung, wo rechts zwei Wege abzweigen, und schlagen den linken der beiden Wege ein. Nach 10 Min. passieren wir eine Hausruine und stoßen bald danach auf eine Straße, der wir nach rechts folgen. In einer Biegung kommen rechts eine Zisterne und links ein halb verfallener Brunnen.

Gut fünf Minuten danach sehen wir am linken Straßenrand eine asphaltierte Parkbucht. Nach ungefähr 50 m gehen wir scharf rechts den Seitenweg hinauf. Dieser Abstecher (sentiero no 1) führt zu einem halb verfallenen Haus und weiter über Stufen zum höchsten Gipfel Capreras hinauf, dem **Monte Teialone** [3] (212 m; 2 Std.). Auf dem Berg steht ein Beobachtungsposten aus dem Zweiten Weltkrieg. Auf dem eingezäunten Hauptgipfel unterhält die Forstbehörde eine Messstation.

Wir gehen zur Straße zurück und folgen ihr weiter nach Norden. Bald nach einer Hausruine zur Linken folgen wir der Straße um eine Linkskurve – vorbei an einem geradeaus weiterführenden Weg. Sogleich endet die Asphaltierung und wir erreichen eine Wegkreuzung. Der rechte Weg führt in eine Granitfelslandschaft in Richtung Punta Galera; geradeaus steigt ein Weg zur restaurierten Bergfestung am Monte Arbuticci (gallluresisch *arbuticci* = Erdbeerbaum) an. Wir jedoch gehen den linken Weg hinab und genießen einen schönen Ausblick auf die üppiggrüne, mit Felsen durchsetzte Landschaft. Schließlich gehen wir an zwei unmittelbar aufeinander folgenden Rechtsabzweigungen vorbei (2.45 Std.) geradeaus weiter.

Der Weg schlängelt sich bergab und führt an einer scharfen Linksabzweigung vorbei. Bald danach stoßen wir auf einen Querweg (Schotterstraße) und folgen ihm nach links. Nun gehen wir immer geradeaus. Links oben am Hang erblicken wir schließlich die Büste Ga-

# Tour 1

ribaldis neben einem Türmchen, seinem Grabmal. Wir erreichen die Wendeschleife einer Asphaltstraße. Ehe wir auf ihr weitergehen, folgen wir zunächst dem Sträßchen nach links hangaufwärts; es ist zu einem Agriturismo ausgeschildert. Sogleich lassen wir den Agriturismo rechts liegen und gehen geradeaus den Fußweg hinauf, der zum eingezäunten Gelände der Casa Garibaldi ansteigt. Rechts am Zaun entlang und über einige Felsen hinweg gelangen wir zu Parkplatz und Eingangsbereich der **Casa Garibaldi** 4 (3.15 Std.).

Wir kehren zur Straße am Agriturismo zurück und folgen ihr an allen Abzweigungen vorbei zum **Parkplatz** 1 an der Bushaltestelle (3.30 Std.).

## Ein Abenteurer im Dienst Italiens

Nationalmonument und Kultstätte zugleich ist das ehemalige Landgut von Giuseppe Garibaldi. Der italienische Nationalheld, ein ausgemachter Haudegen und Revolutionär, hatte bereits ein bewegtes Leben hinter sich, als er 1856 begann, sich auf der zuvor unbewohnten Insel Caprera ein Landgut aufzubauen. 1807 in Nizza geboren, beteiligte er sich an Aufständen und Kämpfen gegen verschiedene europäische Großmächte, flüchtete ins Exil nach Südamerika und verbrachte dort etliche Jahre als Abenteurer. Im Jahre 1853 nach Europa zurückgekehrt, setzte sich Garibaldi als Freiheitskämpfer für die italienische Einigung ein, die 1861 zur Gründung des Königreiches Italien führte. Der politische Kampf hielt Garibaldi in den ersten Jahren oft von seinem Landgut fern. *Agricoltore,* Landwirt, so titulierte er sich, wenn er nicht gerade für den italienischen Staat focht.

Ackerbau und Viehzucht betrieb der Schwarm vornehmer Damen, Obst- und Gemüsegärten wurden angelegt, Kleinvieh gezüchtet. Das ehemalige Hauptgebäude, die Casa Bianca, beherbergt heute das Museum. Garibaldi starb 1882 auf seinem Landgut und wurde hier beigesetzt.

Zahlreiche Anhänger, Bewunderer und Neugierige kamen zu Lebzeiten Garibaldis nach Caprera, um den berühmten Freiheitshelden kennen zu lernen.

Über eine Besucherin berichtete der Sardinienreisende Heinrich von Maltzan 1869, Garibaldi habe »sogar eine schreckliche Engländerin, eine fanatische Methodistin, vorgelassen, welche eigens nach Caprera gekommen war, um, wie sie sagte, ›Garibaldis Seele zu retten‹. Letzteres sollte durch einige Dutzend von Tractätlein bewerkstelligt werden, von denen sie ihm eines sogar vorlas; und der gutmüthige Mann hatte die Geduld, sie anzuhören, und die Gefälligkeit, sie noch kaum zu Kräften gut zu bewirthen. Zum Dank ließ sie ihm einige hundert Bibeln zurück, um sie, wie sich die Dame ausdrückte, ›unter die umnachteten Bewohner von Caprera zu vertheilen‹. Da aber letztere lediglich aus verwilderten Ziegen bestehen, so konnten leider durch das Geschenk der Engländerin bis jetzt noch keine Seelen gerettet werden.«

# Tour 2

# Geformt von Wind und Wetter

## Um das Capo Testa

Bizarre Granitfelsen türmen sich am Capo Testa auf, von Wind und Wetter geformtes Urgestein, das in warmen Ockertönen leuchtet. Über Stock und Stein wandern wir an der zerklüfteten Felsküste entlang und auf bequemen Wegen durch duftende Macchia zurück.

### DIE WANDERUNG IN KÜRZE

**++** Anspruch

**2.30 Std.** Gehzeit

**7 km** Länge

**Charakter:** Rundwanderung, teils weglos oder auf unscheinbaren Pfadspuren zwischen Felsen und durch die Macchia; Orientierungssinn ist erforderlich. Die Route ist schattenlos. Unterwegs Bademöglichkeit.

**Wanderkarte:** Carta topografica d'Italia, 1:50 000, 411 (S. Teresa di Gallura)

**Einkehrmöglichkeiten:** Unterwegs keine; Bars und Restaurants am Capo Testa

**Anfahrt:** Nach Santa Teresa di Gallura; bei der Ortseinfahrt an der Ampelkreuzung bei einer Tankstelle auf der linken Seite links in die Via Tibula zum Capo Testa abbiegen (verdeckter Wegweiser). Immer geradeaus führt die Straße über eine schmale Landenge auf die Halbinsel des Capo Testa. Es geht bis zum Ende der Asphaltstraße vor dem eingezäunten Leuchtturmgelände; hier Parkplatz.

Vom **Parkplatz** 1 gelangen wir durch das Eisentor in das eingezäunte Leuchtturmgelände und halten uns sogleich an der Weggabelung rechts. Zu unserer Rechten liegt die von bizarren Felsgebilden umrahmte Cala Spinosa. Der Weg verläuft mit leichtem Auf und Ab oberhalb der Felsküste. Nach einigen Minuten ragt rechts ein gewaltiger Felsmonolith auf. Hier biegen wir nach links und gehen hangaufwärts ungefähr in Richtung des alten (kleinen) Leuchtturms. Dann öffnet sich vor uns eine Senke, in die wir nach rechts hinabgehen. Rechts führen Steinstufen hinauf zu einem halb verfallenen Ausguck auf einem Granitfelsen, von wo sich eine schöne Aussicht bietet. Nach diesem kleinen Abstecher gehen wir wieder in die Senke hinab. Kurz bevor wir die Küste erreichen, steigen wir links zwischen Felsen (blasse Farbpunkte) empor und halten uns dabei rechts vom alten Leuchtturm. Auf der felsigen Anhöhe angekommen, erblicken wir unterhalb von uns eine kleine Bucht mit einer markanten Felsnadel. Wir steigen in einigen Kehren zu dieser **Bucht** 2 (30 Min.) hinab.

Unten in der Senke wenden wir uns taleinwärts und steuern die Wasserhäuschen an; auf der rechten Hangseite verläuft ein Steinmäuerchen. An den Wasserhäuschen vor-

# Tour 2

*Tafoni am Capo Testa*

bei wandern wir weiter leicht ansteigend auf der rechten Hangseite; links gegenüber tauchen die Leuchttürme auf. Sobald wir den neuen (größeren) erblicken, folgen wir rechts dem Pfad hinauf. Er führt uns durch die hüfthohe Macchia im leichten Rechtsschwenk hangaufwärts nach Süden. Oft klettern Ziegen auf den felsigen Anhöhen umher. Bald passieren wir ein verfallenes Gebäude und wandern schräg rechts in die nächste Senke hinab. Hier erhebt sich an der Küste ein gewaltiger ausgehöhlter **Felsdom** (45 Min.). Dann gehen wir in der Hangsenke ansteigend (mehr auf der rechten Hangseite) landeinwärts weiter. Der Pfad führt uns schließlich auf eine Anhöhe, von wo wir in die **Valle della Luna** 3 (1 Std.) hinabsteigen.

Von bizarren Felsgebilden umrahmt, öffnet sich das breite grasige ›Mondtal‹ an zwei Buchten zum Meer. Von der Cala dell'Indiano führt ein Abstecher auf schmalem Pfad oberhalb der felsigen Küste an Hippiehöhlen vorbei zur Cala Grande. Um die einstige Hippiekolonie ist es jüngst etwas ruhiger geworden.

Wir kehren in die Valle della Luna zurück und wandern im Talgrund landeinwärts. Rechts erheben sich die Parete della Luna mit der höchsten Felszinne, La Turri. Das Tal verengt sich allmählich und wir kom-

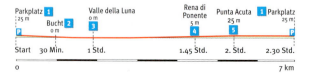

# Um das Capo Testa

men an mächtigen, einst für den Abtransport vorgesehenen Granitblöcken vorbei. Der grusige Pfad schlängelt sich durch die Macchia weiter taleinwärts.

An einer **Gabelung** halten wir uns rechts und bleiben in der Senke (der linke Pfad führt nach etwa 75 m durch zwei steinerne Torpfosten). Alsbald verbreitert sich unser Pfad zum Weg. Bei einigen Ferienhäusern gelangen wir auf einen Fahrweg und halten uns nun links. Wir nähern uns der **Rena di Ponente** 4 (›Sandbrücke‹; 1.45 Std.), die das Capo Testa mit dem Hinterland verbindet. Auf der rechten Seite erstreckt sich ein herrlicher Sandstrand.

Wir überqueren die Fahrstraße und wenden uns nach links. Es geht kurz an der Straße entlang, ehe uns Stufen zur sandigen Spiaggia Rosa an der Baia di Santa Reparata hinabführen. Wir folgen dem Strand, der an einer Stelle durch Klippen unterbrochen ist, an einer Strandbar vorbei um die Bucht. Im Küstengelände entdeckt man bei genauerem Hinschauen grob behauene Granitsteine. Sie gehen auf den römischen Steinbruch Tibula zurück, der im Mittelalter von den Pisanern weiter genutzt wurde. Die Granitsäulen des Pantheons sollen vom Capo Testa stammen, ebenso Teile der Säulengalerie des Doms zu Pisa.

Nach einer stehenden Steinsäule wandern wir auf einem Pfad am Holzzaun entlang der Küste bis zur **Punta Acuta** 5 (2 Std.) mit ihren von den Wellen umspülten Granitfelsen. Anschließend kehren wir zur Strandbar zurück und wenden uns hier nach rechts auf den gepflasterten Weg. An den Häusern des ehemaligen Fischerdörfchens vorbei gelangen wir wieder zur Fahrstraße und folgen ihr weiter ansteigend zum **Parkplatz** 1 (2.30 Std.) vor dem Leuchtturmgelände.

# Tour 3

# Nordsardinien zu unseren Füßen

**Von Vallicciola über die Hänge des Monte Limbara**

Eine Laune der Natur hat sie hervorgebracht, wie von Künstlerhand modelliert, die bizarren Felsen am Monte Limbara. Bequeme Forstwege verlaufen an den waldigen Hängen, die frische Bergluft lässt tief durchatmen. Bei klarer Sicht geht der Blick bis Korsika.

## DIE WANDERUNG IN KÜRZE

**Anspruch:** +

**Gehzeit:** 2.30 Std.

**Länge:** 10 km

**Charakter:** Unschwierig. Gute Forstwege; trotz des Waldes nur wenig Schatten.

**Wanderkarte:** Carta topografica d'Italia, 1:50 000, 443 (Tempio Pausania)

**Einkehrmöglichkeit:** Vallicciola Albergo (Bar, Ristorante, Hotel) nahe dem Parkplatz; Trinkbrunnen gegenüber den Forsthäusern von Vallicciola

**Anfahrt:** Die Abzweigung zum Monte Limbara liegt an der SS 392 zwischen Tempio Pausania und Oschiri; sie ist zur Località Vallicciola beschildert. In vielen Serpentinen führt die Straße nach 6 km zur Örtlichkeit Vallicciola. Hier links großer Parkplatz; rechts zweigt eine Straße (Viale dei Martiri Cendio) zu einigen Forsthäusern ab.

An der Örtlichkeit **Vallicciola** 1 gehen wir links vom Parkplatz den Schotterweg hinab. Durch artenreichen Mischwald führt der Weg gemächlich bergab, überquert den Bachlauf des Rio Pisciaroni und verläuft dann ansteigend über die **Sarra di Mezzu**. Danach geht es wieder leicht bergab. Wir passieren einen scharf links abzweigenden Seitenweg, erreichen bald danach eine **Gabelung** 2 vor einem Steinmäuerchen (30 Min.) und wandern nach rechts bergauf weiter. Vereinzelt tauchen bizarre Felsgruppen im Wald auf. Die Route führt geradeaus über eine **Wegkreuzung** 3 (1 Std.) hinweg und weiter bergan.

Nach 10 Min. biegen wir scharf rechts auf einen Querweg ein und er-

## Aufstieg von Vallicciola in die Gipfelregion des Monte Limbara

reichen nach 200 m eine **Teerstraße** 4 (1.15 Std.). Auf dieser geht es wenige Schritte nach rechts hinab und dann sogleich auf dem links abzweigenden Schotterweg weiter. Wir kommen durch schönen Laubwald mit Esskastanien; im Herbst liegen die stachelbewehrten Früchte verstreut auf dem Boden.

Wir erreichen eine **Gabelung** 5 (1.30 Std.), an der wir uns links halten. Links in der Kammregion erhebt sich der Monte Grosso (›Großer Berg‹) mit seinen fantastisch geformten Felsen.

An der nächsten Gabelung biegen wir scharf nach links und wandern allmählich bergab. In der Niederung vor uns liegt ein kleiner Stausee, der vom Riu Contra Manna gespeist wird. An der **Weggabelung** 6 kurz vor dem **See** (2 Std.) halten wir uns rechts und wandern nun kräftig bergan.

Bald folgen wir dem Hauptweg an einer unscheinbaren Abzweigung vorbei um eine Rechtsbiegung. Wir stoßen auf einen Querweg und folgen ihm nach rechts.

Immer geradeaus auf dem Hauptweg gelangen wir durch die flache Aue des **Rio lu Frassu** (›Eschbach‹) und schließlich auf der Viale dei Martiri Cendio (›Allee der Waldbrandopfer‹) an den Forsthäusern und einer guten Bergquelle vorbei nach **Vallicciola** 1 (2.30 Std.) zurück.

# Tour 4

# Zur Mondbucht

## Von Cala Gonone zur Cala di Luna

Mit seinen makellosen Sandstränden, die sanft ins türkisblaue Meer abfallen, beschwört der weitgehend unberührte Küstenlandstrich am Golf von Orosei Südsee-Impressionen herauf. Bis heute ist die Cala di Luna nur zu Fuß oder mit dem Boot erreichbar.

### DIE WANDERUNG IN KÜRZE

**++** Anspruch

**2.45 Std.** Gehzeit

**9 km** Länge

**Charakter:** Straße, dann deutlicher, aber zumeist geröllig-felsiger Pfad durch Macchia mit kurzen, jedoch knackigen Auf- und Abstiegen über Felsen. Teleskopstöcke empfehlenswert! Kaum Schatten. Bademöglichkeit.

**Wanderkarte:** Carta topografica d'Italia, 1:50 000, 500 (Nuoro-Est)

**Einkehrmöglichkeit:** Restaurantbar an der Cala di Luna (nur in der Saison)

**Anfahrt:** Von Dorgali auf der SS 125 nach Süden bis zur beschilderten Abzweigung nach Cala Gonone, durch den Tunnel und in Serpentinen in den Ort hinab. Parkmöglichkeit am Hafen.

**Bootsverbindungen:** Die Tour ist als Streckenwanderung geplant; von der Cala di Luna Rückfahrt mit dem Boot nach Cala Gonone. Früh genug aufbrechen, um für den Fall, dass das Boot wegen zu starker Dünung nicht fahren kann, genug Zeit für den Rückweg zu haben. In der Saison (Ostern – Ende Sept.) fahren regelmäßig Boote. Fahrkarten und Informationen am Kartenkiosk am Hafen in Cala Gonone. Biglietteria Porto Tel. 0784 933 05, www.calagonone crociere.it.

**Hinweise:** Im Frühjahr und Herbst muss der Strandsee an der Cala di Luna nach Regenfällen manchmal durchwatet werden. Falls das Boot nicht fährt, startet man am besten an der Caletta Fuili und kehrt auf demselben Weg zurück (insgesamt 5.30 Std. Gehzeit).

## Von Cala Gonone zur Cala di Luna

Vom Hafen in **Cala Gonone 1** gehen wir am Strand entlang, folgen dann der Uferpromenade und laufen vom großen Parkplatz am südlichen Ortsrand weiter bis zum letzten Strandabschnitt (Spiaggia per cani), bevor die Felsküste beginnt. Hier steigen wir rechts den Stufenweg hinauf und gehen an einem Maschendrahtzaun entlang. Dann lassen wir den Zaun hinter uns und folgen noch kurz dem Hangpfad, bis wir rechts über Stufen zur Küstenstraße emporsteigen. Wir wenden uns nach links und wandern nun entlang der Straße mit schönen Ausblicken oberhalb der Küste am Golf von Orosei. Das Ultramarinblau des Meeres, die artenreiche Küstenmacchia und kleine, strahlend weiße Sandbuchten bilden herrliche Farbkontraste.

Die Asphaltstraße endet an einem Parkplatz oberhalb der Caletta Fuili, einer kleinen Kiesbucht, die sich am Ausgang einer Felsschlucht zum Meer öffnet. Über Stufen steigen wir in die **Codula Fuili 2** (1 Std.) hinab. Wir durchqueren das Schotterbett (links käme man zur Kiesbucht) und finden auf der gegenüberliegenden Seite den Anfang des Wanderpfades. Er führt in Kehren den Steilhang empor. Nach 5 Min. zweigt rechts eine schmale, steil ansteigende Pfadspur ab, wir jedoch halten uns links auf der Hauptroute. Nach wenigen Schritten hangparallel steigen wir wieder an und erreichen eine Gabelung. Links führt ein Pfad bergab zur Grotta del Bue Marino, wir jedoch steigen nach rechts weiter bergan, zunächst recht steil über den anstehenden Kalkstein.

Nach diesem kräftigen Anstieg verläuft der Pfad in stetem Auf und Ab durch die artenreiche Macchia. Uralte Exemplare des Phönizischen Wacholders faszinieren mit ihren

27

# Tour 4

knorrigen gedrehten Stämmen. Felsige und geröllige Partien wechseln mit ebenerdigen Abschnitten. Die Küste bleibt unseren Blicken entzogen, da der Weg stets etwas landeinwärts verläuft.

An mehreren Köhlerterrassen vorbei schlängelt sich der Weg unbeirrt durch die Macchia. In einem Tälchen wandern wir an einer Linksabzweigung vorbei geradeaus weiter, steigen über Felsen und erreichen die **Grotta Oddoana** 3 (2 Std.). Diese Karsthöhle öffnet sich in der Felswand zur Rechten.

Ein steiler felsiger Abstieg führt uns in die Codula di Oddoana hinunter. Hier gehen wir an einem links abzweigenden Pfad (zur Caletta di Oddoana) vorbei, biegen nach wenigen Schritten nach links und wandern ansteigend weiter. Vom Hang des **Fruncu Nieddu** 4 (›Schwarze Hügelkuppe‹; 2.30 Std.), benannt nach dem rötlich-dunklen Lavagestein, bietet sich ein erster Blick auf die Cala di Luna. Der Weg biegt nach rechts taleinwärts. Ein steiler gerölliger Abstieg führt in die breite, mit Oleander bestandene Talsohle der **Codula di Luna** hinab. Durch aufgestautes Flusswasser hat sich vor dem Strand ein typischer Brackwassersee *(stagno)* gebildet – wie so häufig im Mündungsbereich der sardischen Flüsse. In der sandigen Talsohle müssen wir uns einen geeigneten Weg suchen, um das aufgestaute Flusswasser zu umgehen und zur gegenüberliegenden Talseite zu gelangen. Von Jahr zu Jahr ändert sich der Verlauf des Gewässers; manchmal ist man gezwungen, sich zunächst taleinwärts zu wenden. Bei niedrigem Wasserstand können wir jedoch gleich nach links gehen. Wir durchqueren das Dickicht aus Oleander und Schwarzerlen. Verbreitet

gedeiht hier auch der Stechapfel, ein Verwandter der Engelstrompete, mit seinen stacheligen Fruchtkapseln. Wir kommen an der Restaurantbar vorbei und erreichen den herrlichen Strand an der **Cala di Luna** 5 (2.45 Std.). Der helle, an bleiches Mondlicht erinnernde Kalkstein soll Schlucht und Bucht zu ihrem Namen verholfen haben. Links öffnen sich fünf große Karsthöhlen in den Kalksteinklippen an der Küste. Rechts liegt der Anlegesteg für das Boot, mit dem wir die Rückfahrt antreten.

**Achtung:** Falls man die Talsohle im Frühjahr wegen des hohen Wasserstandes nicht direkt durchqueren kann, geht man zunächst etwa 100 m nach rechts (taleinwärts), wechselt dann auf die andere Talseite und wandert nun talauswärts. Man gelangt auf einen Pfad, passiert ein Holzgatter und erreicht die Restaurantbar.

## Badeort mit Tradition

Eingerahmt von den hohen Kalksteinschroffen des Supramonte liegt der Ferienort Cala Gonone am Golf von Orosei. Als kleiner Hafen für die Handelsschifffahrt zur Ausfuhr von Kohle, Holz, Wein und Käse gegründet, entwickelte sich Cala Gonone bereits im 19. Jh. zum beliebten, malariafreien Badeort der Nuoresen. Damals gab es hier nur wenige Häuser, die sich um die kleine Kirche scharten, doch zur Sommerfrische reisten viele Bewohner der umliegenden Bergdörfer mit Pferd und Wagen an.

Der Sardinienreisende Max Leopold Wagner gab 1908 einen lebendigen Stimmungsbericht: »Hierher kommen nun in den Sommermona-

## Von Cala Gonone zur Cala di Luna

*Supramonte: Küste bei Cala Gonone*

ten die Leute aus allen Dörfern und errichten sich, da die Häuser nicht ausreichen, allenthalben Hütten aus Zweigen und Laubwerk. Der ganze Strand gleicht einem Lager. Zur Zeit meines Besuches waren über 3000 Leute hier unten und hatten es sich recht behaglich gemacht. Man hatte Stühle, Bänke und alles Nötige mitgebracht, vor allem auch Wein und Gebäck. Mit der Saison ist auch das Fest des Kirchenheiligen und eine Art Jahrmarkt im Freien verbunden; überhaupt ist man hier, um fröhlich zu sein, Bekannte zu treffen, Besuche zu machen, zu baden, zu tanzen, zu trinken und zu singen. Ein Gang durch das Lager ist wirklich interessant. Unten am Strande drängen sich vom Morgen an Gruppen von Badenden, die Männer auf einer Seite, die Frauen auf der anderen, aber alles ganz öffentlich und ohne besondere Scheu. Oben wird in den einzelnen Laubhütten gekocht und gebraten, in der großen Wirtsbude werden schon die Tische gedeckt und die Gläser gespült, dort tanzt eine Gruppe zum Klange der Doppelflöte; an den Marktbuden wird gefeilscht und gedrängt. Auch ein Grammophon ist vorhanden und schnarrt seine Gassenhauer, und die jungen Leute pflegen eifrig den Flirt. Drinnen im Kirchlein drängen sich die Gläubigen und lauschen der im sardischen Zentraldialekt, sozusagen im literarischen Sardisch gehaltenen Predigt. So ist für Leib und Seele gesorgt.«

# Tour 5

# Die Schlucht des Wasserstrudels

## Vom Ponte sa Barva zur Gola su Gorropu

Mit ihren über 300 m hohen Felswänden gehört die Gola su Gorropu zu den größten Schluchten Europas. Durch ein grünes Tal, begleitet vom muntern Rauschen eines Flüsschens, führt uns ein bequemer Weg bis zum Anfang der Schlucht.

### DIE WANDERUNG IN KÜRZE

Anspruch

**3.30 Std.** Gehzeit

**12 km** Länge

**Charakter:** Unschwierige Stichwanderung auf bequemem, überwiegend sonnigem Weg durch hohe Macchia; kurzer steiler Abstieg zur Schlucht.

**Wanderkarten:** Carta topografica d'Italia, 1:50 000, 500 (Nuoro-Est) und 517 (Baunei)

**Einkehrmöglichkeit:** Keine

**Anfahrt:** Von Dorgali auf der SS 125 nach Süden am Tunnelabzweig nach Cala Gonone vorbei noch 1 km, dann die Rechtsabzweigung (Wegweiser »Gola Gorropu/Tiscali«) nehmen. Man folgt der kurvenreichen Straße bergab, stößt nach 1 km auf eine Querstraße und fährt nach links weiter bergab. Nun sind es noch 9,5 km. Man bleibt stets auf der Asphaltstraße und folgt ihr an allen Abzweigungen vorbei in den Talgrund hinunter. Kurz bevor der Riu Flumineddu erreicht wird, kommt rechts der beschilderte Parkplatz.

**Hinweis:** Der Eintritt in die eigentliche Felsschlucht kostet 5 Euro.

---

Vom **Parkplatz** 1 gehen wir die letzten Meter der Straße zum **Ponte sa Barva** (sard. *s'abba arva*, ›das weißliche Wasser‹) und überqueren den Riu Flumineddu auf dieser Betonbrücke. Von der Gola su Gorropu kommend, strömt das Flüsschen durch die Valle di Oddoene, um schließlich in den Cedrino-Stausee einzumünden. Der Flusslauf ist von üppigem Auenwald mit Schwarzerlen und Oleander gesäumt, Forellen flitzen im klaren Wasser hin und her. Bei Hitze laden die Gumpen zu einem Bad ein.

Wir gehen wenige Schritte den Hang hinauf und biegen sogleich an der Gabelung nach links. Nun wandern wir immer geradeaus auf dem Hauptweg nach Süden, teils weit oberhalb des Flusslaufs, teils dicht am Wasser entlang. An einer Gabe-

## Vom Ponte sa Barva zur Gola su Gorropu

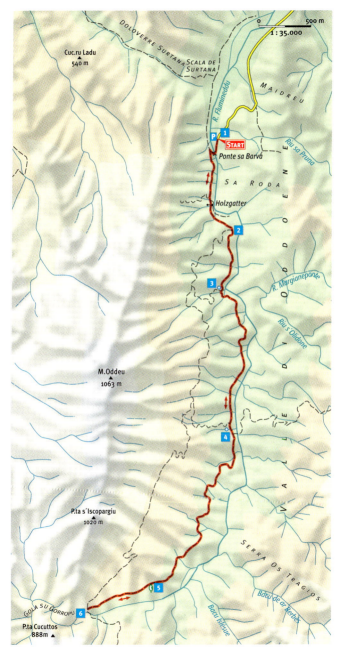

# Tour

## Vom Ponte sa Barva zur Gola su Gorropu

*In der Gola su Gorropu*

lung führt links ein Weg in die Flussniederung Sa Roda hinab; wir jedoch wandern rechts weiter und passieren alsbald ein Holzgatter. Wir erreichen erneut eine **Gabelung** 2 (15 Min.), an der wir uns links halten (rechts steht eine Rangerhütte). Munter sprudelt eine gefasste **Quelle** 3 (25 Min.) am Wegesrand; gleich danach gehen wir an einer Rechtsabzweigung vorbei. Schließlich lassen wir eine Linksabzweigung in die Flussaue hinab unbeachtet. Wir passieren eine weitere **Quelle** 4 (1 Std.). Nahezu senkrechte, bis auf über 1000 m Meereshöhe ansteigende Felswände flankieren die breite Talsenke der **Valle di Oddoene**; dahinter schließen sich, unseren Blicken verborgen, die einsamen Hochflächen des Supramonte an.

Der höchste Gipfel zu unserer Rechten ist der Monte Oddeu (›Gottesberg‹). Eingekerbt in die gegenüberliegende Talflanke verläuft die Trasse der Orientale Sarda (SS 125), die dem Verlauf einer alten Römerstraße folgt. In der hohen und dichten Macchia, durch die sich unser Weg schlängelt, herrschen Erdbeerbäume, Mastixsträucher, Baumheide und verschiedene Zistrosenarten vor. Im Herbst kann man die roten Früchte des Erdbeerbaums kosten, aber ihr Geschmack ist eher enttäu-

schend – daher der lateinische Name *Arbutus unedo* – »Eine esse ich!«.

Schließlich tauchen vor uns die Zinnen der Felsschlucht auf, unser imposantes Ziel, dem wir uns zügig nähern. Wir passieren eine mächtige **Steineiche** 5 am linken Wegesrand (1.30 Std.). 10 Min. später queren wir eine Schuttrinne und steigen dann ziemlich steil über Felsen zum Eingang der **Gola su Gorropu** 6 ab (*gola*, ›Schlucht‹, und *garròppu*, ›Wasserstrudel‹; 1.45 Std.). Hohe Felswände streben fast senkrecht himmelwärts. Wir befinden uns auf 350 m Meereshöhe, während die Punta Cucuttos oberhalb der Steilwand 888 m erreicht. Man kann in die gewaltige Felsschlucht eindringen (gebührenpflichtig), doch riesige Gesteinsblöcke und Gumpen zwingen schließlich zur Umkehr. Einen richtigen Flusslauf gibt es nur kurzzeitig nach starken Niederschlägen, denn das Wasser fließt vorwiegend unterirdisch durch Karsthöhlen ab, die das Kalksteingebirge durchziehen. Wenn man vom Ausgang der Schlucht etwa 50 m flussabwärts geht, erreicht man eine geologische Grenze, an der das Kristallingestein des Oddoene-Tals beginnt. Hier tritt der Flumineddu zwischen Felsplatten und Gumpen zutage.

Auf demselben Weg, auf dem wir gekommen sind, kehren wir zum **Parkplatz** 1 (3.30 Std.) zurück.

# Tour 6

# Grünland in felsiger Einöde

**Vom Ponte sa Barva zum Monte Tiscali**

Grün sind die Täler des Supramonte, dicht bewaldet die Hänge, schneeweiß verkarstet die Hochflächen. Verborgen auf einem Bergrücken öffnet sich eine gewaltige Karsthöhle. Im Schutz ihrer Felswände liegen die Reste zweier kleiner Siedlungen der Vorzeit.

## DIE WANDERUNG IN KÜRZE

**Anspruch:** +++

**Gehzeit:** 4.30 Std.

**Länge:** 9,5 km

**Charakter:** Anspruchsvoll. Überwiegend problemloser Pfad durch Macchia, aber kurzer kräftiger Anstieg an der Scala de Sùrtana. Das letzte Stück zum Monte Tiscali führt über scharfkantige Felsen und erfordert den Einsatz der Hände. Teilweise Schatten. Bei Nässe sind die Felsen ziemlich rutschig.

**Wanderkarte:** Carta topografica d'Italia, 1:50 000, 500 (Nuoro-Est)

**Einkehrmöglichkeit:** Keine

**Anfahrt:** Von Dorgali auf der SS 125 nach Süden am Tunnelabzweig nach Cala Gonone vorbei noch 1 km, dann die Rechtsabzweigung (Wegweiser »Gola Gorropu/Tiscali«) nehmen. Man folgt der kurvenreichen Straße bergab, stößt nach 1 km auf eine Querstraße und fährt nach links weiter bergab. Nun sind es noch 9,5 km. Man bleibt stets auf der Asphaltstraße und folgt ihr an allen Abzweigungen vorbei in den Talgrund hinunter. Kurz bevor der Riu Flumineddu erreicht wird, kommt rechts der beschilderte Parkplatz.

**Hinweis:** Der Eintritt in die Doline kostet 5 Euro.

Vom **Parkplatz** 1 gehen wir die letzten Meter der Straße zum **Ponte sa Barva** hinab und überqueren den Riu Flumineddu. Oleander und Schwarzerlen säumen den Fluss, im klaren Wasser kann man Forellen beobachten.

Wir gehen wenige Schritte den Hang hinauf und biegen sogleich an der Gabelung nach rechts. Knapp 10 Min. später gehen wir an einer Linksabzweigung vorbei geradeaus weiter. Wenige Minuten später kommt erneut ein Abzweig, an dem wir nun nach links biegen. Wir kommen auf einen schmalen Pfad, der sich zunächst durch Gestrüch schlängelt und dann über die **Scala de Sùrtana** 2 am felsigen Steilhang emporklettert (25 Min.). Nun heißt es aufpassen: An einer Verzweigung gehen wir nicht geradeaus weiter (diese Pfadspur führt leicht bergab), sondern steigen rechts über **Felsen** auf. Nun haben wir die Talflanke der Valle di Oddoene erklommen und

**Vom Ponte sa Barva zum Monte Tiscali**

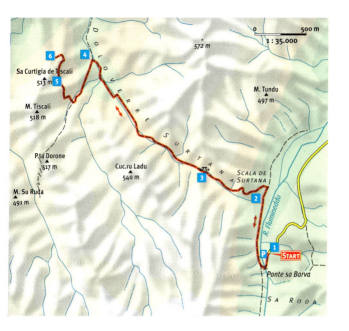

können einen letzten Blick zurück ins grüne Tal werfen.

Bald gelangen wir auf einen alten Köhlerweg, der von links kommt, und gehen rechts weiter. Ein sogleich rechts abzweigender Seitenpfad bleibt unbeachtet. Wir wandern in einem waldigen Sattel namens Sùrtana und gewinnen leicht an Höhe, ehe sich der Weg verflacht.

An einer unscheinbaren Gabelung halten wir uns rechts auf dem Hauptpfad (links ist die »Scala Cucúttos« ausgeschildert). Wenige Minuten später passieren wir einen **Rastplatz** 3 (45 Min.) unter großen Steineichen im schattigen Wald. Danach geht es allmählich bergab; rechts im Wald kommen zwei weitere Rastplätze.

In einer offenen **Niederung** 4 (1.15 Std.) mit einem großen Steinmännchen verzweigt sich die Route; ein Holzschild kündigt Tiscali an.

Unter Baumveteranen des Phönizischen Wacholders können wir eine erste Rast einlegen.

Rechts führt aus dem Lanaittutal ein Pfad herauf, um sich mit unserer Route zu vereinen, die nach links ansteigt. Nach kurzem Anstieg erhebt sich vor uns eine Felswand mit einer Höhle. In einigen Kehren steigen wir auf dem alten Köhlerweg weiter auf, während sich der Blick in das Lanaittutal öffnet, das mit seiner breiten Talsohle eingebettet zwischen den Steilhängen des Supramonte liegt. Am Wegesrand sind schöne Karrenfelder zu sehen – verkarstete Kalksteinfelsen, die von rillenförmigen Vertiefungen überzogen sind.

Der Köhlerweg steigt über Felsen an und setzt schließlich aus. Die mit roten Pfeilen markierte Aufstiegsroute führt steil über Felsen empor; stellenweise muss man sich auf allen Vieren fortbewegen.

35

# Tour 6

Für den Rückweg sollte man sich die Route genau einprägen, da die Markierung aus der umgekehrten Richtung nicht immer zu sehen ist. Noch ein schmaler Felssims, und dann haben wir es geschafft: Über eine flache Hangpartie gelangen wir zum Einstieg in die Einsturzdoline **Sa Curtigia de Tiscali** 5 (2 Std.).

Einige Stufen führen uns in die Doline hinab, wo wir zunächst dem Wärter unseren Obolus entrichten. Dann lassen wir uns entweder führen oder machen den Rundgang auf eigene Faust. Dazu gehen wir nach rechts entlang dem Seilgeländer (entgegen dem Uhrzeigersinn) um die Doline. An der tiefsten Stelle unter den überhängenden Felswänden sind im Geröll deutliche Mauerreste erkennbar, die von einer einstigen Besiedlung der Doline zeugen. Durch ein gewaltiges Felsentor ging der Blick hinaus ins Lanaittutal, das sich von hier oben aus gut überwachen ließ.

Der Rundweg führt weiter zu einer zweiten, wesentlich kleineren Gruppe von Steinhütten, die ebenfalls im Schutz der hohen Felswände stehen. Aus Schutzgründen ist ein Picknick im Innern der Doline nicht erwünscht, aber auf dem Rückweg gibt es viele schöne und auch schattige Rastplätzchen.

Nach Verlassen der Doline sollte man nicht versäumen, nach wenigen Schritten (noch bevor der Abstieg beginnt) an der Verzweigung zunächst einen kleinen Abstecher

*Blick in die Einsturzdoline Curtigia de Tiscali im Bergland des Supramonte*

auf dem ansteigenden Pfad zu machen. Nach kurzem Anstieg öffnet sich ein hinreißender **Ausblick** 6 über das Lanaittutal auf den Supramonte; links kann man weglos über stark verkarstetes Felsgestein bis zum westlichen Abbruchrand der Doline gelangen (Vorsicht – ungesichert!), wo man von oben in die gewaltige Grotte hinabschaut (2.30 Std.).

Auf demselben Weg geht es zum **Ausgangspunkt** 1 (4.30 Std.) zurück.

## Grünland in felsiger Einöde

Inmitten des einsamen Berglands des Supramonte erhebt sich der Kalksteinrücken des Monte Tiscali (518 m). In seinem Felsgrat ist durch das Einbrechen einer Karsthöhle eine Einsturzdoline entstanden: Sa Curtigia de Tiscali. Der Name geht auf das üppige Grün in ihrem Innern zurück – *curtigia* bedeutet ›Grünland‹ inmitten einer kahlen Felseinöde‹. Der von Gesteinsschutt bedeckte und leicht wasserstauende Boden der Doline bietet bessere Wachstumsbedingungen als der umliegende Karst; die Felswände schützen ihn zudem vor allzu großer Austrocknung. Hier wurzeln uralte stattliche Bäume, wie die Manna-Esche und die Terpentin-Pistazie.

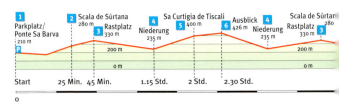

**Vom Ponte sa Barva zum Monte Tiscali**

Im Schutze der überhängenden Seitenwände stehen die halb verfallenen Mauern von Steinhütten, die sich zu zwei kleinen Siedlungen gruppieren. Zunächst wurden die runden, später die eckigen, innen verputzten Hütten aus lehmgebundenem (mit Mörtel stabilisiertem)

# Tour 6

*Lanaittutal*

Bruchsteinmauerwerk errichtet. Die Wasserversorgung ist in einem Karstgebiet nicht unproblematisch. Hier machte man sich die von der Decke herabhängenden Tropfsteine im wahrsten Sinne des Wortes als solche zunutze: Das von den Stalaktiten abtropfende Wasser wurde in kleinen Zisternen aufgefangen. Die spärlichen Keramikfunde datieren aus dem 9./8. Jh. v. Chr., also aus der Spätzeit der Nuraghenkultur. Einige Fundstücke stammen auch aus römischer Zeit. Was mochte die Menschen bewogen haben, die Doline zu besiedeln? Diente sie als Rückzugsort der Urbevölkerung, als Schutz vor fremden Eroberern, etwa den Karthagern? Keine Frage: Die Doline auf dem Monte Tiscali stellt eine hervorragende natürliche Felsbastion dar, von der aus sowohl der nördliche Hauptzugang durch die Valle di Lanaittu als auch der östliche Zugang über die Scala de Sùrtana gut überwacht werden konnten. Wahrscheinlich handelt es sich aber doch eher um einen Außenposten von Hirten, der nur zeitweilig bewohnt wurde.

**Tour**

# Die sardischen Dolomiten

### Von Maccione auf den Monte Corrasi

Steil ragt die von schneeweißen Felsschrofen gekrönte Flanke des Supramonte oberhalb Olienas auf. Dichter Steineichenwald wächst an den Hängen, während die einsame Karsthochfläche hinter dem zerklüfteten Zinnenkranz karg und steinig ist. Vom zweithöchsten Gebirge Sardiniens bietet sich ein herrlicher Ausblick.

## DIE WANDERUNG IN KÜRZE

**++** Anspruch

**4.30 Std.** Gehzeit

**11 km** Länge

**Charakter:** Mittelschwer. Auf- und Abstieg auf teils gerölligen, teils befestigten Wegen und Pfaden; die Route über die felsige und zerklüftete Karsthochfläche zum Gipfel erfordert Orientierungssinn. Bei tief hängenden Wolken und schlechter Sicht sollte man am Piazzale umkehren, da man sich auf der Hochfläche leicht verlaufen könnte.

**Wanderkarte:** Carta topografica d'Italia, 1:50 000, 500 (Nuoro-Est)

**Einkehrmöglichkeit:** Restaurantbar Maccione; hier auch Übernachtungsmöglichkeit, Tel. 0784 28 83 63, www.coopenis.it

**Anfahrt:** Oliena in Richtung Orgosolo verlassen und am Ortsrand in einer Rechtskurve scharf links abbiegen (Wegweiser »Maccione/Albergo Coop. ENIS«). Die Straße verläuft am Ortsrand und gabelt sich nach 1 km: rechts auf der Betonstraße weiter und in steilen Kehren im Wald bergauf. Im Waldgebiet Maccione liegt links die Herberge mit Restaurantbar der Cooperative ENIS, davor ein Parkplatz.

Am Ende der betonierten Straße im Waldgebiet **Maccione**  lassen wir die Herberge der Cooperative ENIS links liegen und gehen rechts auf dem betonierten Fahrweg weiter, der sogleich an einem grünen Trafohäuschen vorbeiführt. Am Wegesrand kommt eine kleine Aussichtskanzel mit Kreuz, die einen herrlichen Ausblick nach Westen gewährt. Bald danach verlassen wir den Fahrweg am Ende der betonierten Fahrbahn und zweigen schräg links auf den Hirtenpfad ab, der kräftig im Steineichenwald ansteigt. Wir treffen wieder auf den befestigten **Fahrweg** (30 Min.) und folgen ihm in Kehren weiter ansteigend. An einer Gabelung bleiben wir links auf dem Hauptweg (45 Min.; gelber Wegweiser »Monte Corrasi«; rechts ist der Weg nach »Daddana« ausgeschildert).

Schließlich endet die betonierte Fahrbahn und der Weg führt an Hirtenhütten mit Stallungen vorbei, die links zwischen Bäumen zu sehen

## Tour 7

sind. Danach wird der Aufstieg wieder steiler und wir gewinnen rasch an Höhe. Der alte, heute verschwundene Hirtenpfad führte noch weitaus steiler die Bergflanke empor. Diese Aufstiegsroute hieß Scala 'e Pradu, wörtlich ›Wiesensteig‹. Der Eichenwald lichtet sich; verstreut an den Hängen stehen uralte Baumriesen, die dem Kahlschlag der Köhler entgangen sind. Am Fuße des Supramonte liegt Oliena wie ein Spielzeugdorf ausgebreitet. Jenseits des Cedrinotals mit seinen Olivenhainen und Weinbergen erhebt sich ein Bergrücken, auf dem sich das Häusermeer der Provinzhauptstadt Nuoro erstreckt.

Der Weg steigt das letzte Stück zu den Felszinnen empor und endet an dem terrassenartigen runden Wendeplatz **Su Piazzale** 3 (1.45 Std.). Ganz unerwartet erstreckt sich vor uns zwischen den höchsten Erhebungen des Supramonte die einsame, archaisch anmutende baumlose Karsthochfläche **Su Pradu**. Noch Mitte des 19. Jh. war sie mit dichtem Steineichenwald bedeckt, doch während der Industrialisierung Italiens wurde hier wie anderswo auf Sardinien die Köhlerei betrieben. Die abgeholzte Hochfläche ist heute mit Wolfsmilchgewächsen, Affodill und niedrigen Dornbüschen bewachsen, denn anhaltende Beweidung durch Ziegen lässt keinen anderen Bewuchs aufkommen. Ein schmaler Pfad schlängelt sich in die Senke hinab und verliert sich in dieser beinahe unwirklichen Einöde. Links erhebt sich die Punta Ortu Cammìnu, rechts unser Ziel, der Monte Corrasi, mit 1463 m der höchste Gipfel des Supramonte. Vom Wendeplatz wenden wir uns nach rechts und folgen nun dem deutlichen, gelegentlich mit Steinmännchen markierten Hauptpfad über zerklüftete Felsfluren direkt auf den Monte Corrasi zu. Dabei kommen wir zunächst nahe an zwei eingezäunten Karstschlünden (Vorsicht, Absturzgefahr!) vorbei, durch die das Oberflächenwasser in das weit verzweigte Höhlensystem des Supramonte entschwindet. Der anstehende Kalkstein ist durch die Verkarstung in scharfkantige Karren aufgelöst, rillenförmige Vertiefungen, die uns stellenweise nur langsam vorankommen lassen.

Je mehr wir uns dem Monte Corrasi nähern, desto steiler und felsiger wird der Hang. Um den Steilanstieg zu meiden, führt uns der Hauptpfad zunächst schräg nach links hangaufwärts zur Ostseite des Gipfels. Dann steigen wir direkt zum **Monte Corrasi** 4 (2.45 Std.) auf.

Obwohl ein Gipfelkreuz fehlt, ist die höchste Erhebung des Supramonte – und das zweithöchste Ge-

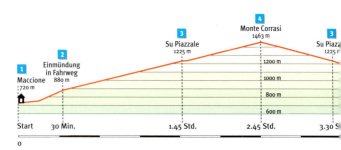

40

## Von Maccione auf den Monte Corrasi

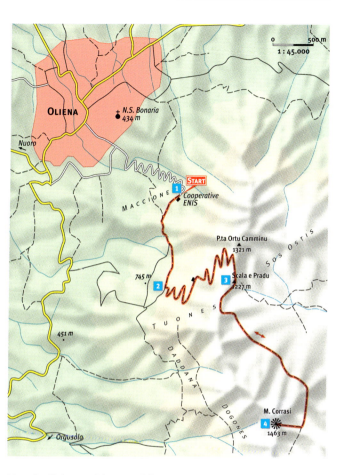

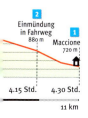

birge Sardiniens – nicht zu verfehlen. Der Blick schweift von hier frei in alle Richtungen – über die weiten felsigen Hochflächen des Supramonte (›Oberberg‹) nach Osten bis zum Meer und von der steilen Westflanke des Gebirges über eine grüne Niederung hinweg zum Bergdorf Orgosolo. Auf demselben Weg kehren wir über **Su Piazzale** 3 (3.30 Std.) nach **Maccione** 1 (4.30 Std.) zurück, wo wir auf der Caféterrasse an der Herberge genüsslich einen Cappuccino oder auch ein Glas des vollmundigen Cannonau-Rotweins aus der Region trinken können.

# Tour

# Ein Menhir aus grauer Vorzeit

## Von der Chiesa San Pietro di Golgo zur Cala Goloritze

Einsam steht ein Wallfahrtskirchlein inmitten der Karsthochfläche oberhalb Bauneis. Nicht weit von hier öffnet sich ein Karstschlund jäh im Boden. Unvermittelt schimmern Wassertümpel zwischen rotbraunen Basaltfelsen. Eine wildromantische Schlucht führt zu einer abgeschiedenen Meeresbucht mit herrlichem Strand.

### DIE WANDERUNG IN KÜRZE

**Anspruch:** ++

**Gehzeit:** 4 Std.

**Länge:** 11 km

**Charakter:** Unschwierig. Teils auf Wegen, teils auf schmalen steinigen Pfaden durch die Macchia; weitgehend schattenlos.

**Wanderkarte:** Carta topografica d'Italia, 1:50 000, 518 (Capo di Monte Santu)

**Einkehrmöglichkeit:** Ristorante Golgo unweit des Ausgangspunktes, Su Porteddu am Anfang des Pfades zur Cala Coloritze

**Anfahrt:** Auf der SS 125 nach Baunei und (von Süden kommend) in der Ortsmitte schräg gegenüber der Pfarrkirche rechts die Via San Pietro hinauf (Ausschilderung u. a. »Golgo«). Man stößt auf eine breite Querstraße und fährt scharf nach rechts weiter bergauf. An der breiten Straßenverzweigung (Brunnen) scharf nach links. Die Straße steigt in Serpentinen an der Gebirgsflanke an und führt dann ziemlich geradlinig über die Hochfläche. Bald nach der Rechtsabzweigung »Piscinas/Voragine/Goloritze« und der Linksabzweigung zum Ristorante Golgo endet die Asphaltierung; es geht geradeaus auf der Piste weiter. An einer Gabelung geradeaus (Ausschilderung links Chiesa, geradeaus Cala Sisine). 300 m danach gabelt sich die Piste vor einem Steinmäuerchen: hier nach links (Wegweiser Chiesa San Pietro) und nach 100 m vor dem Tor (Steinmännchen) parken.

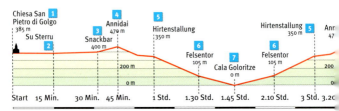

42

## Von der Chiesa San Pietro di Golgo zur Cala Goloritze

Einsam steht die **Chiesa San Pietro di Golgo** 1 auf einer Weidehochfläche. Ähnlich einer Wehrkirche ist das schlichte Wallfahrtskirchlein (Ende 18. Jh.) von typisch sardischen Pilgerunterkünften *(kumbessìas)*

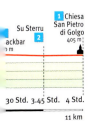

umgeben, in denen die Menschen wohnen, wenn sie von weit her an Festtagen zusammenkommen. Ein kleiner Menhir mit erkennbar menschlichen Gesichtszügen links vor dem Eingangstor verweist auf eine ältere, vorchristliche Kultstätte. Auch die Steinsetzung zur Rechten, die an ein Grab denken lässt, reicht in die graue Vorzeit zurück. Schräg gegenüber liegt ein Picknickplatz unter schattigen alten Olivenbäumen.

Von der Kirche gehen wir geradeaus in die Richtung zurück, aus der wir gekommen sind. Wir durchqueren wieder das Steinmäuerchen, an

43

# Tour 8

dem wir geparkt haben, und wenden uns nach links. An der nächsten Gabelung folgen wir der breiten Piste nach rechts, biegen jedoch nach knapp 200 m links (gleich nach einer mächtigen Korkeiche zur Linken und etwa 100 m vor Beginn der Asphaltdecke) auf einen Seitenweg ab. In der archaisch wirkenden Weidelandschaft streunen Ziegen und halbwilde Schweine umher. Im Frühling sind die wilden Birnbäume voll weißer Blüten. An einer Gabelung halten wir uns rechts und bleiben auf dem Hauptweg. Knapp 10 Min. nach Verlassen der Piste verzweigt sich der Weg erneut: wir gehen geradeaus weiter und erreichen sogleich an einer Infotafel den Karstschlund **Su Sterru** 2 (auch Voragine di Golgo genannt; 15 Min.). Unvermittelt öffnet sich dieser 270 m tiefe Karstschlund im Boden. Dies ist eine der Stellen, an denen das Oberflächenwasser in das weit verzweigte Karsthöhlensystem des Supramonte fließt. Aus Sicherheitsgründen ist die extrem abschüssige Abbruchkante von einem Zaun umgeben – **Vorsicht!**

Wir wandern geradeaus auf dem Pfad weiter, der von einem Holzgeländer gesäumt ist. Bald erblicken wir im Buschwald kleine Tümpel und Wasserstellen verstreut zwischen rotbraunen Basaltbrocken **(As Pis-**

**Von der Chiesa San Pietro di Golgo zur Cala Goloritze**

*Supramonte di Baunei, Weg zum Karstschlund Su Sterru*

nach verlassen wir den Fahrweg und schlagen links den Wanderpfad ein, der an einem Felsbrocken mit der Aufschrift »Goloritze« beginnt. Mastixsträucher, Montpellier-Zistrosen, Erdbeerbäume und Steinlinden herrschen in der Macchia vor.

Nach stetigem Anstieg überschreiten wir die Anhöhe **Annidai** 4 (45 Min.) und wandern zunächst ohne größere Höhenunterschiede weiter. Erstmals leuchtet uns das blaue Meer in der Ferne entgegen. Bald tauchen rechts Felsen auf, die mit einer Hirtenstallung unterbaut sind. Der Pfad führt nun allmählich bergab. Jenseits der Talschlucht Bacu Goloritze, in die wir hinabwandern, erhebt sich eine steile Felsflanke. Wir kommen an einer weiteren **Hirtenstallung** 5 (1 Std.) vorbei, die in den Fels gebaut wurde. Verstreut in der Landschaft stehen Steineichen, die dem Kahlschlag der Köhler entgangen sind, da sie als schattiges Rastplätzchen dienten.

Der alte, einst sorgsam mit Steinen angelegte Köhlerweg führt in Kehren die Talschlucht hinunter. Schließlich kommen wir durch ein **Felsentor** 6 (1.30 Std.) und nähern uns der Küste. Vor uns an der Punta Goloritze erhebt sich die markante Felsnadel Aguglia, an der sich häufig Kletterer versuchen. Plötzlich fällt der Blick auf die wunderschöne Meeresbucht hinab, die wir zum Ziel haben. Noch ein kurzer, steiler Abstieg, und die **Cala Goloritze** 7 (1.45 Std.) ist erreicht. Nach ausgiebiger Rast am strahlend weißen, feinen Kiesstrand wandern wir auf demselben Weg, für den wir beim Aufstieg viel länger brauchen, zur **Chiesa San Pietro di Golgo** 1 (4 Std.) zurück.

cinas). Der Basalt geht auf kleinere Vulkanausbrüche zurück, die in erdgeschichtlich jüngerer Zeit an verschiedenen Stellen im Supramonte stattgefunden haben. Wir stoßen auf einen Schotterweg und wenden uns nach links. Unmittelbar darauf kommen wir an eine breite Gabelung auf einer Freifläche, an der wir schräg links dem Fahrweg folgen.

An mehreren Rechtsabzweigungen vorbei bleiben wir auf dem Hauptweg. An einer Gabelung folgen wir dem Hauptweg nach rechts und gehen anschließend an dem eingezäunten Gelände entlang, in dem die Snackbar der Kooperative ›**Su Sinniperu**‹ 3 (30 Min.) steht. Gleich da-

45

# Tour 9

# Übers Gottesfeld

## Auf dem Supramonte di Urzulei

Von rauer Schönheit ist die weite Karsthochfläche oberhalb Urzuleis. Geduldig fressen Kühe und Schafe, was sie im spärlichen Pflanzenbewuchs finden. Im Frühjahr erblühen die Pfingstrosen an den Hängen, frisches Gras sprießt aus dem kargen Boden. Eine abgeschiedene Welt, ganz den Hirten und Naturfreunden vorbehalten.

### DIE WANDERUNG IN KÜRZE

**++**
Anspruch

**4.30** Std.
Gehzeit

**17** km
Länge

**Charakter:** Meist deutliche Wege, aber zwei weglose Abschnitte, die einen gewissen Orientierungssinn erfordern. Kaum Schatten. Bei tief hängenden Wolken (Nebel) und nach starken Regenfällen ist die Tour nicht empfehlenswert.

**Wanderkarte:** Carta topografica d'Italia, 1:50 000, 517 (Baunei)

**Einkehrmöglichkeit:** Unterwegs keine; an der Genna Croce gibt es eine Bar/Gelateria.

**Anfahrt:** Auf der SS 125 zur Genna Croce (auch ›Genna Cruxi‹ geschrieben). Der Pass kommt 3,2 km nördlich der Abzweigung nach Urzulei bzw. 5,5 km südlich vom Pass Genna Silana. Hier auf das Sträßchen nach Westen abzweigen; gegenüber dem Abzweig steht ein Gebäude (»Escursioni nel Supramonte di Urzulei«). Das Sträßchen führt an der Steilflanke des Supramonte entlang und steigt durch ein Eisengittertor zum Rand des Planu Campu Oddeu an. Hier zweigt sogleich links ein Schotterweg ab; am Abzweig parken. (Gleich hinter diesem Abzweig befindet eine Wander-Infotafel an der Straße; gegenüber biegt der Wanderweg 502 ab.)

**Hinweis:** Der offizielle Wanderweg 501 (rot-weiße Markierung), der teilweise parallel verläuft, beginnt an der Chiesa S. Giorgio in Urzulei und endet an den Gigantengräbern.

Der **Planu Campu Oddeu** ist eine einsame Karsthochfläche auf dem Supramonte di Urzulei. Das ›Gottesfeld‹ ist mit spärlichen Kräutern, Affodill, Wolfsmilch und niedrigen Wacholderbüschen bewachsen – Pflanzen, die von den Weidetieren verschmäht werden. Am Rand der **Hochfläche** [1] folgen wir dem Schotterweg nach links, der in Richtung eines Häuschens führt. Wir halten uns links auf dem Hauptweg, gehen an mehreren Rechtsabzweigungen vorbei, lassen auch das Häuschen rechts

**Auf dem Supramonte di Urzulei**

*Auf dem Supramonte di Urzulei: Im Hintergrund erhebt sich der Monte San Giovanni*

liegen und gewinnen allmählich an Höhe. An einer Weggabelung steigen wir links auf dem Hauptweg an. Wir nähern uns der Punta Orotecannas; rechts am Hang liegt eine Hirtenstallung. Ein letzter Blick hinab in das Tal von Urzulei, dann überqueren wir einen kleinen **Sattel** 2 (15 Min.) an der **Buchera Petra Ruvia** und halten uns an der Gabelung rechts, leicht bergab. Nach 100 m gabelt sich der Weg erneut; auch diesmal halten wir uns rechts. Auf einer kleinen Hangverflachung vor einem Felsen verläuft sich der Weg; links im Gestrüpp versteckt sich ein Pferch. Weglos gehen wir am Felsen vorbei nach Nordwesten, behalten also ungefähr unsere Richtung bei. Auf der gegenüberliegenden Hangseite verläuft ein Weg, den wir ansteuern wollen. Zunächst wandern wir zwischen Gesträuch und Bäumen hangabwärts, überqueren im Taleinschnitt den **Riu Semineddas** 3 (30 Min.) und gehen dann auf der anderen Seite hinauf, bis wir den Hangweg erreichen. Diesem Weg folgen wir nach rechts. Immer geradeaus verläuft der Weg bald auf dem Rücken der **Serra Ischedduri**. Aufgepasst: sobald scharf links ein Weg abzweigt, folgen wir diesem Weg. Er steigt allmählich auf dem Bergrücken an und teilt sich in einer Wiese: wir halten uns rechts. Auf der offenen Anhöhe verlieren sich die Wegspuren. Wir wandern nach rechts die **Anhöhe** 4 weiter empor (1.15 Std.). Im Westen taucht die Niederung Fennau auf, wo eine Straße über zwei Brücken führt; im Hintergrund erhebt sich der markante Felsturm des Monte San Giovanni. Weglos wandern wir nun den mit niedrigen Sträuchern bewachsenen Hang hinab und steuern die Ebene **Fennau** 5 an. Wir gelangen schließlich auf die Asphaltstraße und folgen ihr über beide Brücken (1.45 Std.). Danach gabelt sich der Schotterweg: wir halten uns rechts und passieren bald ein großes Stallgebäude. Zu unserer Rechten verläuft das zumeist ausgetrocknete Schotterbett eines Baches; dahinter erhebt sich der Kalksteinrücken der Serra Lodunu. Der Schotterweg führt über eine kleine Brücke und gabelt sich dahinter; links liegt eine **Viehtränke** 6 (2 Std.). Nun machen wir auf dem linken Weg einen 1,5 km langen Abstecher, der uns durch schöne Wacholderbestände zu zwei herrlich gelegenen **Gigantengräbern** 7 am Rande eines Steilabbruchs führt (2.15 Std.). Jenseits der Senke erhebt sich in etwa 1 km Entfernung ein Nuraghe auf einem Felsgipfel; im Hintergrund ragt der Monte San Gio-

# Tour 9

vanni auf. Wir kehren zur Gabelung an der **Viehtränke** 6 zurück und gehen auf dem Weg weiter. Nach gut 15 Min. erreichen wir eine weitere Viehtränke, wo sich die Wegspuren verlaufen (2.45 Std.). Nun gehen wir weglos am Schotterbett entlang. Die Geröllfracht des Baches stammt von weit her. Neben Kalkstein und Dolomit finden sich so manche bunte Kiesel ganz anderer Provenienz, ein kleiner geologischer Querschnitt des Einzugsgebietes. Oberirdisch fließt der Bach allerdings nur selten, nämlich dann, wenn es stark geregnet hat und die Schlucklöcher der Karsthöhlen das viele Wasser nicht zu fassen vermögen. In einer Rechtsbiegung des Tals stehen große Flaumeichen in der Aue. Das Trockental verengt sich allmählich und die Felswände rücken enger zusammen. **Codula de sa Mela** heißt diese grandiose, tief in das Dolomitgestein eingeschnittene Felsschlucht. Auf der rechten Talseite beginnt ein alter, mit Steinen angelegter **Köhlerweg** 8 (3 Std.), der allmählich am Hang ansteigt und stellenweise aus dem Fels gehauen ist. Einige Köhlerterrassen am Wegesrand bezeugen, dass der Wald einst zur Herstellung von Holzkohle gerodet wurde. Nur vereinzelt stehen Eichen und Phönizischer Wacholder in der fast gespenstisch kargen Karstlandschaft. Im März blüht hier die Korsische Nieswurz mit ihren grünlichen Blüten, im späten Frühjahr auch die Pfingstrose. Der alte Weg führt uns schließlich aus der Tal-

schlucht; unterhalb von uns taucht der **Cuile Televai** 9 auf, eine Hirtenstallung mit mehreren Gebäuden. Wir gehen zu den Häusern hinab (3.30 Std.) und gelangen danach auf eine Straße, der wir nach links folgen. Eine Brücke führt uns über den Riu Sa Terina. Dann überqueren wir erneut eine Brücke. Gleich danach ver-

48

## Auf dem Supramonte di Urzulei

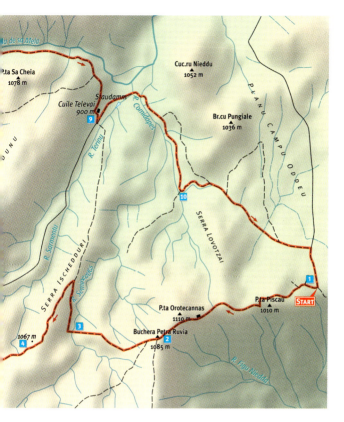

lassen wir die Straße und biegen rechts auf den Schotterweg ab. Nach wenigen Minuten wandern wir an einer Linksabzweigung vorbei geradeaus in die Aue hinab. Der Weg nähert sich dem Schotterbett und verläuft daran entlang. Links tauchen schließlich **Hirtenstallungen** 10 auf (4 Std.). Hier queren wir auf einer kleinen Brücke das Schotterbett nach links und gehen den mit Steinen betonierten Weg hinauf. Wir erreichen wieder die Straße und folgen ihr nach rechts über den kargen **Planu Campu Oddeu.** An einer breiten Gabelung halten wir uns rechts und kommen wieder zum Rand der **Hochfläche** 1 zurück (4.30 Std.).

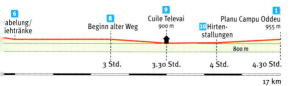

**Tour 10**

# Schiffbruch einer Königstochter

### Von Baunei nach Santa Maria Navarrese

Wie ein Adlerhorst klebt das Häusergewirr von Baunei an den Abhängen des Supramonte, doch kaum sind die Felszinnen oberhalb des Dorfes erklommen, breitet sich eine weite Hochfläche aus. Mit fantastischen Ausblicken senkt sich ein Hangweg vom Gebirge allmählich zur Küste mit ihren langen weißen Sandstränden hinab.

---

### DIE WANDERUNG IN KÜRZE

**Anspruch:** +

**Gehzeit:** 3.15 Std.

**Länge:** 9 km

**Charakter:** Leicht. Gute, aber schattenlose Wege, teilweise erodiert und geröllig.

**Wanderkarte:** Carta topografica d'Italia, 1:50 000, 518 (Capo di Monte Santu)

**Einkehrmöglichkeit:** Unterwegs keine

**Anfahrt:** Baunei liegt an der SS 125, Santa Maria Navarrese weiter südöstlich an der Küste. Für die Streckenwanderung muss eine Fahrt mit dem Bus gemacht werden, am besten vor der Tour, damit man zeitlich unabhängig ist. Von der Hauptkreuzung (Via Lungomare/Via Pedras; Buswartehäuschen) unterhalb der Wallfahrtskirche in Santa Maria Navarrese fahren ARST-Linienbusse (www.arst.sardegna.it) nach Baunei. Auskunft und Fahrkartenverkauf im Kiosk (Edicola Sa Panada), etwa 100 m die Via Pedras hinauf; günstige Abfahrtszeit (FER = werktags, GIOR = tägl., SCOL = Schulbus, FEST = sonn-/feiertags) 13.05 Uhr (werktags); Fahrzeit nach Baunei ca. 20 Min.
In der Ortsmitte von Baunei an der Pfarrkirche San Nicola aussteigen.

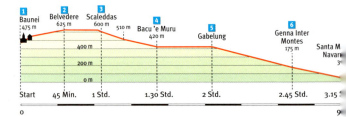

50

**Von Baunei nach Santa Maria Navarrese**

Schräg gegenüber der Pfarrkirche in **Baunei** 1 steht das Rathaus. Rechts neben diesem großen Neubau steigen wir den Treppenweg (Scalette Pier Caponi) empor, biegen an dem Quersträßchen nach rechts und gehen sogleich (hinter Haus Nr. 29) einen weiteren Treppenweg hinauf. Erneut erreichen wir ein Quersträßchen und folgen ihm nach rechts bergauf.

Vor einer Betonwand mit grünem Eisengeländer laufen wir links die Straße hinauf. Vor Haus Nr. 93/95 biegen wir scharf nach rechts und wenden uns direkt hinter dem Haus nach links in die Seitengasse (Vico S. Pietro). Wir kommen an einigen Häusern vorbei und verlassen Baunei auf einem Schotterweg, der kräftig im Wald ansteigt.

Wir erreichen eine breite Straßengabelung, passieren einen Brunnen mit Wildschweinkopf (15 Min.) und laufen geradeaus weiter bergauf. Die Straße führt an einer Sendeanlage vorbei und steigt steil in Serpentinen an.

Aufgepasst: Sobald wir ein Eisenkreuz, das wir zunächst vor uns sehen, zu unserer *Rechten* auf einem Felsen erblicken, folgen wir der Straße noch um die Links- und die anschließende Rechtsbiegung. Wir verlassen die Straße in der nächsten Linksbiegung (dies ist die letzte scharfe Kehre vor Erreichen der Hochfläche), überqueren geradeaus eine kleine Schotterfläche und folgen einem zwar schmalen, aber deutlichen Pfad auf die Hochebene des Supramonte di Baunei. Hier führt der Pfad links zu einer breiten geschotterten Wegverzweigung, die als Parkplatz dient.

An dieser Stelle führen zwei Wege nach rechts, einer nach links. Wir folgen zunächst dem vorderen Weg nach rechts zum nahen **Belvedere** 2 (45 Min.). Von dieser mit Sitzbänken angelegten Aussichtsterrasse am Abbruchrand der Hochfläche schweift der Blick über die Dächerlandschaft von Baunei in die fruchtbare Küstenlandschaft der Ogliastra. Landeinwärts eingerahmt von einem hohen Gebirgskranz, bilden die bunt gewürfelten Äcker und Felder in der Tiefebene ein vielfarbiges Muster.

Wir gehen zur Wegverzweigung zurück und biegen scharf nach rechts. Nun bleiben wir geradeaus auf dem Hauptweg und gehen an einem Seitenweg nach rechts sowie einer Linksabzweigung vorbei. An der nächsten Verzweigung bleiben wir geradeaus auf dem Hauptweg. Zur Linken ist hier eine kreisrunde gemauerte Vertiefung im Boden zu sehen, die von einem alten Kalkbrennofen zeugt. Früher wurde hierin Kalkstein aufgeschichtet und sodann mit Steinplatten und Erde abgedeckt. Zum Beheizen der Kalkbrennöfen benötigte man große Mengen an Holzkohle, etwa 10 t, um im Laufe von zwei Wochen über 100 t Kalk zu gewinnen. Löschkalk war früher ein wichtiger Baustoff, etwa für Mörtel und Kalkputz.

Wir kommen in eine kleine Niederung hinab, wo sich der Weg an der tiefsten Stelle verzweigt. Geradeaus führt ein Weg zu einer Felswand hinauf, ein anderer Weg verläuft nach links hangabwärts, wir jedoch wenden uns nach rechts und gehen zunächst weglos in der Hangsenke. Deutliche Pfadspuren bringen uns schon bald zum Rand der Hochfläche. Hier schließen wir uns einem steinigen alten Weg an und gehen durch ein Gatter (das wir wieder schließen!) bergab. **Scaleddas** 3, wörtlich ›Treppchen‹, heißt dieser Abstieg (1 Std.).

51

# Tour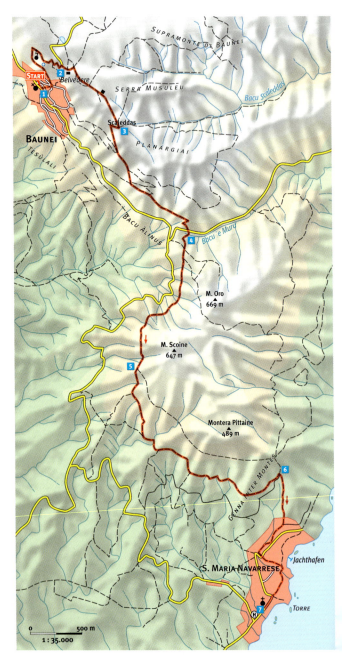

**Von Baunei nach Santa Maria Navarrese**

Der Weg schwenkt sogleich nach links und führt dann am Hang entlang bergab; er ist schon bald von einem Maschendrahtzaun gesäumt. Es geht geradeaus an beiderseits abzweigenden Wegen vorbei. Oberhalb eines Pinienwaldes wandern wir an einer scharfen Rechtsabzweigung vorbei geradeaus auf dem Hangweg weiter. Jenseits eines Taleinschnitts erhebt sich vor uns der Monte Oro (›Goldberg‹), rechts dahinter etwas niedriger der Monte Scoine. An Hirtenstallungen und einem ehemaligen Steinbruch (Bauschutthalde) vorbei wandern wir hangabwärts und im Rechts-Links-Schwenk zur Talstraße im **Bacu 'e Muru** 4 hinunter (1.30 Std.).

Wir überqueren die Straße und gehen auf der anderen Hangseite das asphaltierte Sträßchen hinauf. Am Ende der Asphaltierung setzt sich der Fahrweg nach links auf etwa gleichbleibender Höhe fort. Zwei Linksabzweigungen, die zu Hirtenstallungen ansteigen, bleiben unbeachtet. Schließlich erreichen wir eine **Gabelung** 5 (2 Std.), gehen rechts durch das Metalltor und wandern nun zügig bergab. Herrlich ist der Blick auf die von langen Sandstränden gesäumte Küstenlinie der Ogliastra (s. Foto S. 6). An der Landspitze des Capo Bellavista liegt Arbatax mit dem großen Hafen. Dieses Vorgebirge besteht wie die verstreuten Felsen in der Tiefebene aus rötlichem Granitporphyr, einem Gestein von intensiver Färbung. Inmitten der Küstenniederung erstreckt sich der Stagno di Tortolì, ein wertvolles

Feuchtbiotop, das einst allerdings als Brutstätte der Malaria gefürchtet war. Wir lassen alle Rechtsabzweigungen unbeachtet und folgen stets dem Hangweg. Nach kontinuierlichem Abstieg erreichen wir an der **Genna Inter Montes** 6 (2.45 Std.) das breite Ende einer Asphaltstraße. Wir überqueren die Straße, halten uns dahinter rechts und folgen der Straße (Via Montes Tundus) bergab.

In Santa Maria Navarrese gehen wir an einer Straßeneinmündung geradeaus weiter. Wir erreichen eine große Straßenkreuzung, biegen nach links (Wegweiser »Centro«) und gehen am Tälchen entlang bergab, bis wir es im Rechtsschwenk auf der Straßenbrücke überqueren. Die Abzweigung zum Jachthafen bleibt unbeachtet. Kurz nach dem Hotel Agugliastra ist die alte Wallfahrtskirche von **Santa Maria Navarrese** 7 (3.15 Std.) erreicht.

Nach der Legende wurde das Gotteshaus von einer Tochter des Königs von Navarra gestiftet, nachdem sie vor der Küste Schiffbruch erlitten hatte und wundersam gerettet wurde. Im Innern der nur zur Messe geöffneten Kirche befindet sich ein Tragbalken mit spanischer Inschrift und der Jahreszahl 1054. Der unscheinbare Bau ist von uralten knorrigen Ölbäumen umgeben, die vielleicht schon zur Gründungszeit der Kirche gepflanzt wurden.

Am alten Sarazenenturm, der die Küste bewacht, beginnt ein langer weißer Sandstrand – wie geschaffen zum erfrischenden Sprung ins kühle Nass.

# Tour 11

# Schroffe Karstzinne am Meer

### Von Santa Maria Navarrese zur Pedralonga

Die schroffe Karstzinne Pedralonga wacht über die Küste des Supramonte di Baunei. Ein schöner Wanderpfad schlängelt sich von Santa Maria Navarrese oberhalb der Steilküste zu dem markanten Wahrzeichen. Fast unentwegt bieten sich herrliche Ausblicke über die grüne Macchia aufs Meer.

## DIE WANDERUNG IN KÜRZE

**Anspruch:** ++

**Gehzeit:** 3 Std.

**Länge:** 10 km

**Charakter:** Sonniger Wanderpfad, der sich oberhalb der Küste an den Hängen entlangschlängelt; einige kurze geröllig-felsige Abschnitte

**Wanderkarte:** Carta topografica d'Italia, 1:50 000, 518 (Capo di Monte Santu)

**Einkehrmöglichkeit:** Snackbar an der Pedralonga (nur in der Saison)

**Anfahrt:** Von der SS 125 nach Santa Maria Navarrese, an der Straßenkreuzung im Ort (bei der alten Wallfahrtskirche) der Hauptstraße (Via Lungomare Monte Santo) in die Ortsmitte folgen. Am Abzweig zur Marina vorbei auf der Via Monte Oro weiter bis zum Kreisverkehr, hier rechts in die Via Pedra Longa. Am Ende der Straße hinter dem Ostello Bellavista auf dem großen Parkplatz parken.

**Hinweis:** Der Ostello Bellavista (Jugendherberge; Infos unter www.ostelloinogliastra.com) ist ein herrlich gelegenes Übernachtungsquartier.

Am Parkplatz hinter dem **Ostello Bellavista** 1, der herrlich gelegenen Jugendherberge von Santa Maria Navarrese, durchschreiten wir das Holztor neben der Wandertafel und steigen über Stufen an. Schon bald öffnet sich ein schöner Blick über grüne Hänge aufs Meer. Bei einer kleinen Betonplattform am Boden bleibt der links ansteigende Pfadspur unbeachtet. Begleitet vom Meeresrauschen verläuft unser Pfad durch artenreiche Küstenmacchia. Eine Besonderheit sind die anfäng-

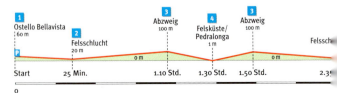

54

## Von Santa Maria Navarrese zur Pedralonga

lich häufiger zu sehenden Johannisbrotbäume, die man sonst in der freien Natur eher selten sieht. An einer Gabelung vor einem kleinen Felsbrocken halten wir uns links und lassen den rechts bergabführenden Pfad unbeachtet.

Wir durchqueren eine kleine **Schlucht** 2 (25 Min.). Danach steigt der Pfad am Hang an. Unser Ziel, die markante Felszinne Petralonga an der Küste, rückt allmählich näher. Nach längerer Zeit gehen wir am **Abzweig** 3 (1.10 Std.) eines Pfades vorbei, der scharf rechts zur Küste hinabführt. Unser Pfad knickt schließlich nach rechts, wo Steine den geradeaus weiterführenden Pfad versperren. Es geht nun kurz über Hangpartie mit viel losem Geröll. Bald kommen wir auf die Straße und folgen ihr bergab an der Snackbar vorbei zu Parkplätzen. Nun gehen wir einen steingepflasterten Fußweg hinab, der an schattigen Picknickplätzen im Wald vorbeiführt. An einer Weggabelung halten wir uns rechts und kommen zur **Felsküste** 4 (1.30 Std.) hinab. Nahezu abgeschnürt vom Festland erhebt sich hier die Pedralonga (›langer Fels‹), eine 128 m hohe Felszinne aus Kalkstein. Mit etwas Glück kann man Kletterer beobachten, die sich an den steilen Felswänden versuchen.

Auf demselben Weg kehren wir zum **Ostello Bellavista** 1 (3 Std.) in Santa Maria Navarrese zurück.

*Auf dem Weg zur Pedralonga ›*

**Tour 11**

## Von Santa Maria Navarrese zur Pedralonga

**Tour 12**

# Felsschroffen in wilder Natur

**Rund um Ulassai**

Gewaltige Felsschroffen beherrschen das wilde Bergland der westlichen Ogliastra. Eichenmischwälder, eine artenreiche Pflanzen- und Tierwelt sowie Siedlungsspuren aus der Bronzezeit tragen zum Reiz der Landschaft bei. Im Wald laden liebevoll angelegte Picknickplätze zur Rast. Zu den bedeutendsten Tropfsteinhöhlen Europas gehört die Grotta Su Marmuri, die man im Anschluss besuchen kann.

## DIE WANDERUNG IN KÜRZE

**++** Anspruch

**4.30 Std.** Gehzeit

**16 km** Länge

**Charakter:** Mittelschwer. Deutliche Waldpfade, gute Wege (teils schattig) und zum Schluss ein kaum befahrenes Sträßchen. Die Tour folgt durchgehend der offiziellen Wanderroute 505 ›Sentiero Su Marmuri‹ und ist mit rot-weißen Wegzeichen markiert.

**Wanderkarte:** Carta topografica d'Italia 1:25000, 248 (Ussassai) und (ganz knapp) 280 (Genna su Ludu); oder offizielle Wanderkarte 1:25000 Blatt 9: Tacchi d'Ogliastra

**Einkehrmöglichkeit:** Unterwegs keine; beim Parkplatz die Restaurantbar der Kooperative Su Bullicciu

**Anfahrt:** Zum großen Parkplatz unterhalb der Grotta Su Marmuri bei Ulassai. Von Süden (aus Jerzu) nach Ulassai und am Ortseingang die zur Grotta Su Marmuri beschilderte Linksabzweigung nehmen. Nach einer Rechtsbiegung links die beschilderte Straße hinauf. Geradeaus über eine Straßenkreuzung hinweg (rechts Wiese, links Spielplatz) und auf der Querstraße nach rechts. Die nächste Querstraße (Via Dante) nach links. Dann immer geradeaus bis zum großen Parkplatz (Aussichtsterrasse) unterhalb der Restaurantbar der Kooperative Su Bullicciu.

**Grotta Su Marmuri:** Coop. Su Bullicciu, www.ulassai.net, Tel. 0782 79859, Führungen April u. Okt. 11, 14.30, 17 Uhr, Mai–Juli, Sept. 11, 14, 16, 18 Uhr, Aug. 11, 13, 15, 17, 18.30 Uhr

Vom großen **Parkplatz**  folgen wir (mit dem Rücken zur Straße) dem rot-weiß markierten Pfad nach Süden in den Wald hinein. Nach etwa 5 Min. verzweigt sich die Wanderroute. Links führt ein Pfad an einem großen rechteckigen Felsblock vorbei, wir jedoch steigen rechts auf

**Rund um Ulassai**

*Blick von der Aussichtsterrasse am Start zum Monte Tisiddu*

dem Hauptpfad weiter an. Alsbald öffnet sich links des Weges eine kleine Höhle in einer Felswand. Nach weiterem Anstieg erreichen wir eine Wegverzweigung (Bitzu S'Orgiulai), an der uns ein Abstecher nach links zu einem **Aussichtspunkt** 2 (30 Min.) am Rand der Hochfläche führt.

Jenseits eines grünen Hochtals beherrschen steil aufragende Kalksteinschroffen, sardisch *taccus*, die Landschaft. Die charakteristische Form dieser Felsbastionen erinnert an einen Schuhabsatz (ital. *tacco di scarpa*), weshalb man sie auf sardisch als *taccus* (ital. *tacchi*) bezeichnet. Es sind die stehen gebliebene Reste einer weitgehend abgetragenen Kalksteintafel, die einem alten silurischen Schiefergebirge aufliegt.

Wir kehren zur Verzweigung zurück und setzen die Wanderung fort. Uns umgibt schöner Eichenmischwald, in dem im Herbst die Erdbeerbäume mit ihren roten Früchten auffallen. An einer Gabelung gehen wir links auf dem Hauptweg weiter. Immer wieder bieten sich nun herrliche Ausblicke nach Osten.

Wir erreichen eine Verzweigung (**Su Vitiglio** 3; 45 Min.) und gehen schräg rechts weiter. Gleich danach stoßen wir auf die Biegung eines Fahrwegs und folgen ihm nach links. In der Gegend Utturu de Stragus verlassen wir den Fahrweg und biegen links auf den Waldpfad ab.

# Tour 12

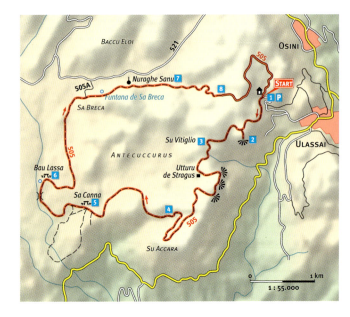

Nach 75 m halten wir uns an der Gabelung rechts. Der Pfad ist ab hier durch Wildschweine aufgewühlt und eventuell nicht ganz leicht zu sehen. Nach kurzem Anstieg wandern wir mit grandiosem Ausblick an der Steilflanke des Hochplateaus entlang. Eindrucksvoll liegt das Bergdorf Ulassai in einem Sattel zwischen hoch aufragenden *taccus*. Der Pfad entfernt sich schließlich vom Abbruchrand und führt im Wald allmählich bergab. Wir stoßen wieder auf den Fahrweg und folgen ihm nach links. An einer Gabelung halten wir uns links auf dem Hauptweg.

An der folgenden Gabelung gehen wir rechts weiter. Gleich darauf gabelt sich der Weg erneut: wieder gehen wir rechts weiter und wandern nun stetig bergab. An der **Verzweigung Su Pussu** 4 (1.45 Std.) wandern wir schräg rechts auf dem Hauptweg weiter. Danach bietet sich ein herrlicher Blick nach Süden über eine Brandschutzschneise hinweg. Unser Weg entfernt sich schließlich wieder von der Schneise und führt in den Wald hinab.

Wir erreichen eine Gabelung und gehen links weiter. Bald stoßen wir auf eine Wegbiegung und wandern

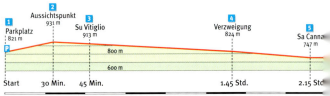

geradeaus weiter. Vor dem Picknickgebiet **Sa Canna** 5 (2.15 Std.) gabelt sich unser Weg. Nach links ist ein Abstecher zur Cascata (Wasserfall) möglich, wir jedoch folgen dem Weg nach rechts um das Picknickgebiet (oder gehen direkt hindurch). Danach folgen wir dem Weg noch wenige Schritte, ehe wir auf einen unscheinbaren Pfad in den Wald abbiegen. Wir kommen bald an einer alten, nicht mehr begehbaren Brücke vorbei und erreichen schließlich eine Betonröhrenbrücke. Hier gelangen wir auf einen Schotterweg, dem wir nach rechts folgen. Bald erreichen wir das wunderschöne Picknickgebiet **Bau Lassa** 6 (2.45 Std.) mit seinen urigen Rundhütten im Stil traditioneller Hirtenhütten *(pinnettas;* hier *barraccus* genannt).

Wir wandern geradeaus weiter und gehen an zwei Rechtsabzweigungen vorbei. Schließlich stoßen wir auf einen Querweg (breite Gabelung) und gehen links weiter. In der Gegend Sa Breca wandern wir geradeaus an einer Linksabzweigung vorbei. Danach kommen wir an einem Picknickplatz vorbei, der links unterhalb des Weges liegt. An einer breiten, grob mit Steinen gepflasterten Gabelung halten wir uns rechts. Links taucht schließlich der **Nuraghe Sanu** 7 (3.30 Std.) auf. Seine Kragkuppel ist eingestürzt, sodass der Turm nicht zu betreten ist. Nicht weit vom Nuraghen liegen zwei Gigantengräber mit ihren langen Grabkammern. Wir wandern weiter. Unser Weg vereint sich bald mit einem Weg, der von links hinten kommt, und es geht geradeaus weiter.

Ansteigend erreichen wir ein **Sträßchen** 8 (4 Std.), dem wir nach links bergauf folgen. Von der höchsten Stelle bietet sich nochmals ein schöner Blick auf die Landschaft. Die Straße führt uns direkt zum **Parkplatz** 1 zurück (4.30 Std.).

## Marmor in der Grotte?

›Marmorgrotte‹ hat man sie auf Sardisch getauft: Grotta Su Marmuri. Namengebend für die gewaltige Tropfsteinhöhle, die sich auf 880 m Meereshöhe in einem Karstfels öffnet, waren die teilweise wie poliert wirkenden Stalagmiten und Stalagtiten mit ihren vielfältigen Färbungen. Echten Marmor gibt es hier allerdings nicht. Auf 800 m Länge ist die Grotte, die mit ihrem 70 m hohen ›Großen Saal‹ zu den größten Tropfsteinhöhlen Europas zählt, erschlossen. Faszinierend sind die unterirdischen Seen ebenso wie der sogenannte ›Kaktussaal‹ mit seinen bizarren Karstformationen. Führungen durch die kühle Höhle, die maximal 10 °C Lufttemperatur hat, dauern etwa eine Stunde, warme Bekleidung ist empfehlenswert.

Die Kooperative, die die Höhle betreut, betreibt auch die freundliche Restaurantbar am Parkplatz.

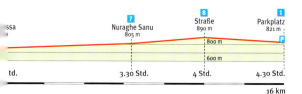

# Tour 13

# Das Nuraghendorf am Abgrund

### Auf den Taccu Isara

Umringt von grünen Tälern, in denen Flüsse rauschen, erhebt sich der Taccu Isara mit seinen imposanten Steilwänden. An seinem Fuße schnauft die sardische Schmalspurbahn durchs Gebirge, über den Höhen ziehen Greifvögel ihre Kreise. Ein wunderschöner alter Fußweg steigt an der Bergflanke an und führt dann in eine waldige Niederung, wo halbwilde Schweine und Weidetiere umherstreifen. Am Rande des Steilabbruchs wacht ein Nuraghe über die grandiose Talschlucht des Riu Pardu, während sich ganz oben in den Felsschroffen ein Brunnenheiligtum versteckt

---

### DIE WANDERUNG IN KÜRZE

**Anspruch:** ++
**Gehzeit:** 4 Std.
**Länge:** 12 km

**Charakter:** Mittelschwer. Alte Fußwege, Schotterwege (teils schattig) und zum Schluss eine kaum befahrene Straße. Die Tour folgt durchgehend der offiziellen Wanderroute 102 Gairo Taquisara – Is Tostoinus – Perdu Isu und ist mit rot-weißen Wegzeichen markiert.

**Wanderkarte:** Carta topografica d'Italia 1:25000, 248 (Ussassai); oder offizielle Wanderkarte 1:25000 Blatt 9: Tacchi d'Ogliastra

**Einkehrmöglichkeit:** Unterwegs keine; in Taquisara eine Bar am Bahnübergang und die Restaurantbar L'Asfodelo im Ort.

**Anfahrt: Mit dem Auto:** nach Taquisara (auch Gairo Taquisara genannt), an der SS 198 östlich von Gairo. **Mit der Schmalspurbahn:** zur Stazione Taquisara (www.treninoverde.com)

---

62

## Auf den Taccu Isara

*Blick zurück auf Taquisara im Tal des gleichnamigen Flüsschens*

Die wenigen Häuser von **Taquisara** 1 scharen sich um den Bahnhof der Schmalspurbahn, dem die kleine Häuseransammlung ihre Existenz verdankt. Vom Bahnhof gehen wir entlang der Durchgangsstraße (SS 198) nach Südwesten; links liegt ein Picknickgebiet. Nach dem letzten Haus verlassen wir die Straße und gehen rechts die Seitenstraße hinauf. Neben einem eingezäunten Gebäude (Stromaggregat) schließen wir uns dem rot-weiß markierten Pfad an, der im Wald ansteigt. Alsbald wenden wir uns an einer Verzweigung vor einem Strommast scharf nach links. Der alte, von Steinen gesäumte Fußweg steigt allmählich durch lichten Wald an der Flanke des Taccu Isara an und verläuft dann hangparallel. Rückblickend bietet sich ein schöner Blick auf Taquisara unten im Tal des gleichnamigen Flüsschens. Auf der gegenüberliegenden Talseite erhebt sich der Nuraghe Serbissi auf der Bergflanke.

Wir passieren die **Grotta Cabu de Abba** 2 (1 Std.), die sich oberhalb des Weges öffnet. Der Weg schwenkt schließlich nach Norden und wir erreichen die offene Passhöhe **Su Segau** 3 (1.30 Std.), wo sich der Weg gabelt: wir wandern

63

# Tour 13

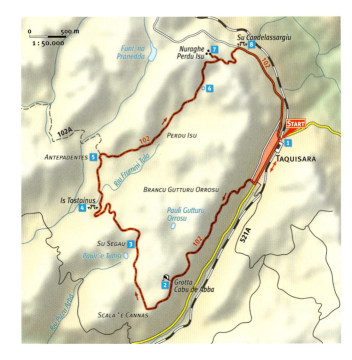

geradeaus weiter. Die einsame Karsthochfläche ist mit niedrigen Sträuchern bewachsen, zwischen denen Weidetiere nach kärglicher Nahrung suchen. Kurz nach einer alten Köhlerterrasse führt der Weg in Kehren bergab; an einer Verzweigung folgen wir dem markierten Weg nach links. Wir erreichen das eingezäunte Picknickgelände **Is Tostoinus** 4 (2 Std.) mit seiner sprudelnden Quelle, ideal für eine Rast. Danach wandern wir auf dem steinigen Jeepweg geradeaus an Abzweigungen vorbei. In der Gegend **Antepadentes** 5 (2.15 Std.) erreichen wir das Ende einer Teerstraße und folgen dem Schotterweg nach rechts. Der Weg führt durch die offene Niederung Perdu Isu, wo Weidetiere und halbwilde Schweine umherstreifen.

Der markierte Weg steigt dann im Waldgebiet der **Serra Perdu Isu** an und führt an einer Quelle neben einem kleinen **Picknickplatz** 6 vorbei (2.45 Std.). Der alte Köhlerweg führt an einigen Köhlerterrassen vorbei. 5 Min. später wenden wir uns an einer Verzweigung nach rechts und steigen weiter an.

Nach weiteren 5 Min. verlassen wir den Hauptweg und machen einen Abstecher scharf nach links. An einer Verzweigung wenden wir uns scharf nach rechts. Gleich darauf kommt erneut eine Verzweigung: rechts kann man zum **Pozzo Sacro Perdu Isu** aufsteigen. Dieses kleine Brunnenheiligtum aus der Nuraghenzeit liegt oben in einer Felsschroffe.

Nun geht man an der Verzweigung geradeaus weiter und hält sich an

64

## Auf den Taccu Isara

*Anstieg an der Felsflanke des Taccu Isara*

den beiden folgenden Gabelungen rechts. Ansteigend erreicht man den **Nuraghen Perdu Isu** 7 (3.15 Std.) mit 11 Wohnhütten. Er steht auf einem Felssporn mit weitem Blick über die eindrucksvolle Berglandschaft und die tief in das Schiefergebirge eingeschnitte Talschlucht des Riu Pardu. Markant zeichnet sich die Felsnadel Perda 'e Liana in der Ferne ab; dahinter erheben sich die Anhöhen des Gennargentu.

Am Fuße der Steilwand unterhalb der nuraghischen Ansiedlung wurden menschliche Überreste und zeremonielle Objekte gefunden, die vermuten lassen, dass hier (wie anderswo auf Sardinien) einst das Ritual *sa babaiecca* (›die Beseitigung‹) praktiziert wurde. Altersschwache Väter und Mütter, die in jener Zeit eine Bürde für die Gesellschaft bedeuteten, wurden nach einer Abschiedszeremonie von ihren ältesten Söhnen in den Händen getragen und die Klippen hinuntergeworfen. Das Ritual soll, so die Überlieferung, immer mit einem krampfhaft-bitterem Lachen des Sohns geendet haben.

Wir kehren zum Hauptweg zurück und wandern weiter. Alsbald kommt eine Verzweigung, an der wir links über die Felsstufen der **Scaloni de Mesumata** absteigen. Über die Steilwand Perdu Isu bricht der Taccu Isara hier zur Talschlucht des Riu Pardu ab. Wir passieren schließlich den Picknickplatz **Su Candelassargiu** 8 und erreichen hier eine Straße, die wir nach rechts hinabgehen. An einer Straßengabelung kommen wir links zum Bahnhof von **Taquisara** 1 (4 Std.) zurück.

# Tour 14

# Fuchs und Wiedehopf

## Im Staatsforst Montarbu zum Monte Tonneri

Schroff bricht der Monte Tonneri über eine gewaltige Felsflanke zum tief eingeschnittenen Flumendosatal ab, doch weitaus sanfter sind die mit dichten Eichenwäldern bedeckten Hänge, über die der Anstieg zum Gipfel führt. Herrlich ist der Ausblick über die wilde Bergwelt, überwältigend das Gefühl von Einsamkeit und Weite.

### DIE WANDERUNG IN KÜRZE

**Anspruch:** ++

**Gehzeit:** 3 Std.

**Länge:** 8 km

**Charakter:** Mittelschwer. Bequeme Waldwege und kräftiger Anstieg auf schmalem Pfad zum Gipfel. Einige Wege sind durch Wildschweine stark aufgewühlt und dadurch nicht immer ganz eindeutig im Verlauf. Teilweise Schatten.

**Wanderkarte:** Carta topografica d'Italia, 1:50 000, 531 (Lanusei)

**Markierung:** Die Aufstiegsroute ist durch rote Wegzeichen (112, 112A und 113) markiert.

**Einkehrmöglichkeit:** Keine; an der Forststation gibt es einen Trinkbrunnen.

**Anfahrt:** Von Seui auf der SS 198 nach Osten. 100 m nach der Cantoniera Arcueri links abbiegen (Wegweiser »Perda Liana/Montarbu/Lago Alto Flumendosa«). Nach 6,6 km die beschilderte Rechtsabzweigung »Montarbu 11 km« nehmen. Nach 2,5 km endet die Asphaltierung und es geht auf einer Schotterstraße weiter. Kurz darauf passiert man ein Eisengittertor (Wildgatter, wieder schließen!) und erreicht nach vielen Kurven die Forststation (Caserma Forestale). Gute Parkmöglichkeit vor dem letzten Gebäude (Wohnhaus): Links befindet sich ein kleines Museum, rechts liegt ein Picknickplatz. **Achtung:** Fahrbahn freihalten!

66

## Im Staatsforst Montarbu zum Monte Tonneri

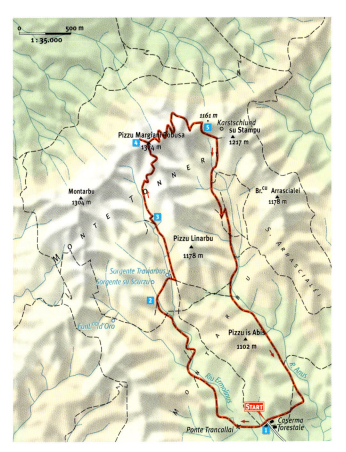

Wir gehen über den gepflasterten Platz zwischen dem großen Wohngebäude der **Forststation** 1 (Caserma Forestale, links) und dem rechts am Hang gelegenen Picknickplatz, um auf den Fußweg zu gelangen, der nach rechts biegt und in das Ermolinustal einschwenkt. Ein Holzsteg (Ponte Trancallai) führt uns über den **Riu Ermolinus** (›Mühlbach‹). Immer am Flüsschen entlang wandern wir im schattigen Tal bergauf und überqueren den Riu Ermolinus mehrmals. An verschiedenen Stellen sind Kalksinterterrassen im Flussbett zu sehen, und auch das für Karstgebiete typische Phänomen der Versickerung ist zu beobachten: Das Flüsschen fließt auf einem kurzen Abschnitt unterirdisch, um dann wieder an die Oberfläche zu treten.

Der Wald lichtet sich schließlich, und das Gelände weitet sich zur flachen **Niederung** 2 (45 Min.). Hier stoßen wir auf einen Querweg und folgen ihm nach rechts über einen Bachlauf, der von der Sorgente su Scurzu gespeist wird. 5 Min. später überqueren wir im Rechtsschwenk ein weiteres, im Sommer ausge-

# Tour 14

trocknetes Bachbett. Unmittelbar danach lassen wir eine unscheinbare, scharfe Linksabzweigung unbeachtet. Nach 25 m erreichen wir die Wegverzweigung **Coile Su Linnarbu** und biegen hier scharf nach links. Der Weg führt allmählich steiler im Wald bergauf. Die Eichenwälder im Staatsforst Montarbu wurden ausgelichtet und viele Stockausschläge aus den Stämmen weggeschnitten, um das Heranwachsen eines kräftigen Hochwaldes zu fördern. Wir passieren den Picknickplatz Fonte Linnarbu (links). Nach weiterem Aufstieg wenden wir uns an einer **Verzweigung** [3] (1.15 Std.) nach rechts bergauf. Beim kräftigen Anstieg passieren wir mehrere Köhlerterrassen. Allmählich lichtet sich der Wald; Steinmännchen helfen neben den roten Farbmarkierungen bei der Orientierung.

Über Felsfluren steigen wir das letzte Stück zum Gipfel empor, auf dem ein Feuerbeobachtungshäuschen steht. Mit 1324 m bildet der **Pizzu Margiani Pobusa** [4] (›Fuchs-Wiedehopf-Gipfel‹) die höchste Erhebung des **Monte Tonneri** (1.45 Std.). Die beste Aussicht bietet sich, wenn man dem Pfad etwa 100 m an der Gipfelpyramide und dem Stein-Iglu vorbei bis zum Rande des Steilabbruchs folgt. Vorsicht – die Felsen brechen hier an der Nordflanke des Monte Tonneri steil zum Flumendosa-Tal ab! Der Ausblick ist atemberaubend. Jenseits des tief in weiten Mäandern eingeschnittenen Tals liegt im Nordwesten das Gennargentu-Massiv. Im Nordosten erhebt sich die auffällige Felsnadel Perda 'e Liana, während sich im Süden die Barbagia Seulo mit ihren felsigen Gebirgsflanken erstreckt.

**Im Staatsforst Montarbu zum Monte Tonneri**

*Blick vom Monte Tonneri auf das Gennargentu-Massiv*

## Köhlerterrassen

Noch bis in die Mitte des 19. Jh. hinein waren auf Sardinien ausgedehnte Laubmischwälder verbreitet, doch mit der Industrialisierung fielen riesige Waldgebiete einem Kahlschlag zum Opfer. Bis zum Ende des Zweiten Weltkriegs wurde Holz (insbesondere das der Steineichen) in großer Menge als Brennmaterial benötigt. Bereits 1910 war rund ein Viertel der Gesamtfläche Sardiniens abgeholzt. Fast überall in den Bergen brannten die Kohlenmeiler zur Erzeugung von Holzkohle. Ihre runden Steinterrassen sind noch heute auf Wanderungen durch das Bergland allenthalben anzutreffen.

Vom Gipfelhäuschen folgen wir dem steinigen Weg in Kehren bergab. Wir erreichen eine eingezäunte **Wiesenfläche** 5 (2 Std.) und gehen den Weg nach rechts am Maschendrahtzaun entlang. An der hinteren Ecke (Tor) des eingezäunten Geländes schwenkt der Weg nach rechts. Wir lassen die Wiesenfläche hinter uns und gehen weiter bergab. Nach knapp 5 Min. wandern wir an einer unscheinbaren Gabelung rechts auf dem Hauptweg weiter bergab. Nach längerem Abstieg gehen wir in einer scharfen Rechtskehre an einem links abzweigenden Seitenweg vorbei.

An einigen Abzweigungen vorbei wandern wir stets geradeaus auf dem Hauptweg bergab. Zypressen säumen den Wegesrand, kurz bevor wir wieder die **Forststation** 1 (3 Std.) erreichen.

Mit der Schmalspurbahn wurde die Holzkohle zu den Ausfuhrhäfen Arbatax und Cagliari gebracht und von dort zum Festland verschifft. Holzkohle war ein begehrtes Brennmaterial, das auch im Bergbau zur Verhüttung von Erzen und zur Kalkherstellung verwendet wurde. Zur Erhöhung des Brennwertes und zur Gewichtsminderung (75–80 %) wurde das Holz in Meilern verschwelt. Dazu wurde das Holz von Steineichen auf den Köhlerterrassen kegelförmig geschichtet und mit Tonerde abgedeckt. Die Luft konnte von unten her durch das lockere Steinfundament eindringen und durch einen zentralen Schacht aus dem Meiler entweichen. Nach 10–12 Tagen wurde der Meiler aufgebrochen und die Holzkohle mit Sand abgekühlt. Die Ausbeute war mit etwa 2000 bis 3000 kg Kohle pro Meiler beachtlich.

# Das Dach Sardiniens

### Aufstieg zur Punta La Marmora

Kahle Bergrücken, über die der Wind bläst, und Felsgipfel, von denen Geröllfelder zu Tal ziehen, bilden die wilde Kammregion des höchsten Inselgebirges. Aus luftiger Höhe bietet sich ein grandioser Rundblick über die erhabene Bergwelt und den größten Teil Sardiniens.

## DIE WANDERUNG IN KÜRZE

**++**
Anspruch

**4.30 Std.**
Gehzeit

**14 km**
Länge

**Charakter:** Mittelschwer. Deutliche Pfade, teils über Geröll (Steinmännchen). Orientierungssinn erforderlich. Die Tour lässt sich am besten zwischen Mitte Mai und Mitte Oktober durchführen. Bei schlechter Sicht oder unsicherem Wetter ist jedoch von ihr abzuraten. Kein Schatten.

**Wanderkarten:** Carta topografica d'Italia, 1:50 000, 516 (Fonni) und 530 (Laconi)

**Einkehrmöglichkeiten:** Unterwegs keine; Bar/Restaurant im Rifugio Sa Crista am Ausgangspunkt der Tour. Hier gibt es auch eine Übernachtungsmöglichkeit, Tel. 33 86 30 21 71

**Anfahrt:** Zum Arcu de Tascussi, nördlich von Desulo auf der Straße nach Fonni gelegen. An der Straßenkreuzung auf der Passhöhe nach Osten abbiegen. Die Straße führt am Hang entlang und gabelt sich nach 4,5 km; hier rechts in Serpentinen bergauf. Die Straße endet nach 1,7 km an der Berghütte (Rifugio) auf 1500 m Höhe.

**Hinweis:** Vom Startpunkt, der auch unter dem Namen S'Arena bekannt ist, folgt die Tour dem offiziellen Wanderweg Nr. 721 bis zum Arcu Gennargentu (rot-weiß markiert).

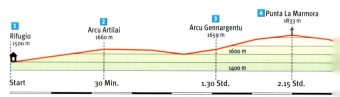

**Aufstieg zur Punta La Marmora**

*Steinmännchen mit Wegweiser auf dem Arcu Artilai*

Vom **Rifugio Sa Crista** 1, einer bewirtschafteten Berghütte, führt in Kehren ein Weg bergauf, der bald nach Südosten schwenkt (vorbei an einer absteigenden Rechtsabzweigung) und an der Flanke der Punta Erba Irdes verläuft. Eine links bergab führende (Ski)piste bleibt unbeachtet. Schafe weiden an den kargen Hängen. Während das Bergland ringsum nahezu baumlos ist, sind die Täler und tiefere Lagen mit Schwarzerlen und Eichenwald bestanden. Weit schweift der Blick in das große Kerbtal des Riu Aratu. Nachdem der Fahrweg endet (rechts steigen zwei Fahrspuren am Hang an), wandern wir geradeaus zwischen zwei Holztafeln hindurch auf dem stärksten Pfad am Hang ent-

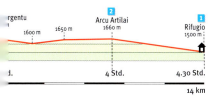

# Tour 15

lang weiter und steigen allmählich an. Unsere Route traversiert die Flanke des Bruncu de Maide. Wir nähern uns dem steilen Hang des Bruncu Spina, der sich schräg links vor uns erhebt. Unmittelbar vor der Bergflanke gehen wir jedoch in einer Mulde rechts zum **Arcu Artilai** 2 (30 Min.; großes Steinmännchen mit Wegweiser) hinauf.

Von diesem Sattel bietet sich eine herrliche Sicht auf das Dach Sardiniens, die Kammregion des Gennargentu-Massivs. Hier sollte man sich erst einmal orientieren. Von links nach rechts sieht man, am Bruncu Spina mit seiner Sendeanlage (verdeckt) beginnend, einen Bergrücken und daran anschließend, unterbrochen durch den Einschnitt des Arcu Gennargentu, den von einer Steinpyramide gekrönten Felsgipfel Su Xuxu. Daran schließt sich der Hauptkamm des Gebirges mit der Punta La Marmora an. Diese höchste Erhebung Sardiniens ist von einem Kreuz gekrönt, hebt sich aber kaum als Gipfel heraus und vermittelt kein Gefühl für die tatsächliche Höhe.

Vom Sattel folgen wir dem deutlichen Pfad, der ohne große Höhenunterschiede am Hang des Bruncu Spina verläuft. Wir passieren eine gefasste Quelle (links) und erreichen später einen eingezäunten Rastplatz am Brunnen der **Funtana Is Bidileddos** (1 Std.). Schwarzerlen säumen den Bachlauf, der von hier zu Tal strömt und den Roa Cerceddu Escra speist. Der Pfad verläuft nun ein wenig am Hang bergab und zwischen zerklüfteten Felsen hindurch an einer weiteren Einzäunung vorbei, die ein mit Bäumen bestandenes Plätzchen am Oberlauf des Roa Paulinu umgibt. Daneben liegt die Ruine der ersten Schutzhütte am

Gennargentu (Rifugio La Marmora; 1.15 Std.), die bereits gegen Ende des 19. Jh. für Bergwanderer errichtet wurde. Der Bergpfad führt nun zum **Arcu Gennargentu** (1.30 Std.) hinauf; eine Abzweigung nach rechts bleibt unbeachtet. Vom Sattel fällt der Blick nach Osten auf einsames Bergland. Nun folgen wir der mit Steinmännchen markierten Route an der Ostflanke des Felsgipfels Xuxu. Dieser sardische Name, ›Schuschu‹ gesprochen und auf Ita-

## Aufstieg zur Punta La Marmora

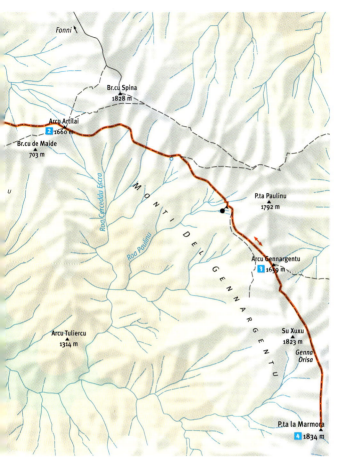

lienisch ›Sciusciu‹ geschrieben, bedeutet so viel wie ›steiler Abhang‹ oder ›Felsabsturz‹.

Durch niedrigen Bewuchs und über Geröllfelder steigen wir über Gesteinsblöcke und Schutt zur **Genna Orisa** an (2 Std.). Dieser Sattel ist von rötlichem Granitgeröll bedeckt. Ein bequemer Pfad steigt am langgestreckten Gennargentu-Hauptkamm an und führt uns ohne Umschweife zur **Punta La Marmora** 4 (2.15 Std.).

Der unscheinbare Gipfel ist von einem Kreuz gekrönt; an einem Felsen befindet sich eine zerbrochene Marmortafel. Vom Dach Sardiniens bietet sich ein atemberaubender Rundblick über einen Großteil der Insel.

Vom Gipfelglück erfüllt, treten wir den Rückweg an. Auf demselben Weg, auf dem wir gekommen sind, gelangen wir schließlich wieder zum **Rifugio Sa Crista** 1 (4.30 Std.) zurück.

# Tour 15

*Vom Wanderpfad schweift der Blick über die gesamte Kammregion des Gennargentu*

## Silberpass und Ziegenstein

Inmitten der Barbagia, des wilden Berglandes im Herzen Sardiniens, erheben sich die Monti del Gennargentu. Der Name Gennargentu bedeutet ›Silberpass‹ (*genna* = ›Pass‹, *argèntu* = ›Silber‹) und verdankt sich dem im Sonnenlicht silbrig glänzenden Schiefergestein. Das Bergmassiv wird strahlenförmig nach allen Seiten von tiefen Kerbtälern zerschnitten und kulminiert in einer etwa 5 km langen Kammregion, aus der sich die Punta La Marmora (1834 m) jedoch kaum hervorhebt. Ursprünglich *Perda Crapias* (›Ziegenstein‹) genannt, wurde dieser höchste Gipfel Sardiniens um 1900 zu Ehren des Sardinienforschers Alberto Ferrero Conte di La Marmora (1789–1863) umbenannt. Dieser piemontesische Adlige bereiste in der ersten Hälfte des 19. Jh. die Insel im Auftrag des Vizekönigs und gilt als Pionier der wissenschaftlichen Erforschung Sardiniens.

Bereits La Marmora erkannte, dass im Gennargentu-Massiv gefaltete paläozoische Schieferdecken dem großen Granitsockel der Insel aufliegen. Als mächtige Aufwölbung ragt das granitische Grundgebirge in der Gipfelregion des Gennargentu knapp aus den Schieferdecken heraus. Unter den Klimabedingungen des Eiszeitalters, als die höchsten Gipfel dicht unterhalb der Gletschergrenze lagen, entstanden durch Frostsprengung weit in die Täler hinabreichende Geröllfelder. Diese kaltzeitlichen Blockströme sind an den Abhängen des Xuxu und der anderen Gipfel des Hauptkamms eindrucksvoll zu sehen. Kahlschlag und Überweidung sind der Grund, warum die einst dichten Buchenwälder vollständig verschwunden sind.

**Tour**

# Panorama vom Felsturm

### Von Aritzo auf den Meseddu de Texile

Durch die Eichen- und Kastanienwälder um Aritzo führen schattige Waldwege, die sich mit ihren sprudelnden Quellen auch im Sommer noch angenehm begehen lassen. Unterwegs bieten sich wunderschöne Ausblicke auf das grüne Bergland.

### DIE WANDERUNG IN KÜRZE

**Anspruch:** ++

**Gehzeit:** 3.15 Std.

**Länge:** 10,5 km

**Charakter:** Mittelschwer. Zumeist schattige Waldwege sowie kurze Straßenabschnitte; der Aufstieg durch die Felsscharte kann gegebenenfalls entfallen. Der Aufstiegspfad über die offene Hangpartie erfordert aufmerksame Orientierung.

**Wanderkarte:** Carta topografica d'Italia, 1:50 000, 530 (Laconi)

**Einkehrmöglichkeit:** Unterwegs keine

**Anfahrt:** Nach Aritzo, an der SS 295 gelegen. In der Ortsmitte nahe der Pfarrkirche parken.

Schräg gegenüber der Pfarrkirche in **Aritzo** 1 verlassen wir die Hauptstraße, gehen zwischen den Häusern Nummer 44 und 46 den schmalen Treppenweg (Via Scale Carceri) hinunter und durchschreiten den Bogen des ehemaligen Gefängnisses. Das aus Schieferbruch und Kastanienholz erbaute Gebäude galt als besonders ausbruchssicher. Wir gelangen auf eine gepflasterte Gasse und wenden uns nach links bergab. An der Kreuzung vor einem alten Haus aus Bruchschiefer laufen wir geradeaus auf der Via Garibaldi weiter. Kurz darauf bietet sich von einem kleinen Platz (Pratza 'e Antoni Sau) ein schöner Blick auf die waldreiche Umgebung von Aritzo. Wir gehen weiter bergab, lassen die letzten Häuser hinter uns und kommen in ein Tälchen hinunter; in der Biegung sprudelt frisches Quellwasser aus einem Brunnen.

Der Weg führt hangaufwärts zu einer Verzweigung, an der wir schräg nach links bergab gehen, um durch schattige Waldungen mit Haselsträuchern, Esskastanien und Eichen zu wandern. Links kommt eine Brunnenanlage mit Sitzbänken, **Funtana di Zi'Arbara** 2 (auch: de Albara; 15 Min.). Wir gehen geradeaus auf dem Pflasterweg weiter und erreichen gut 10 Min. später eine Wegkreuzung. Wir wandern geradeaus weiter bergab. An einer Gabelung gehen wir im Rechtsschwenk weiter und überqueren das Talbrückchen über den **Riu su Arase** 3 (30 Min.).

*Meseddu de Texile ›*

75

# Tour 16

Nun beginnt der stetige Aufstieg zum Meseddu de Texile. Bald gehen wir an einer Linksabzweigung vorbei geradeaus weiter. Der Weg beschreibt bei einem verfallenen Picknickplatz eine scharfe Linkskehre. Vor einem Tor/Steinmäuerchen halten wir uns rechts auf dem Hauptweg und wandern noch einige Zeit an dem Steinmäuerchen entlang. Dann steigt unser Pfad über eine offene, teils felsige Hangpartie an. Das Schiefergestein glänzt silbrig in der Sonne. Schließlich kommen wir über eine Hangverflachung (auf der linken Seite von einem Steinmäuerchen gesäumt) und folgen den deutlicher werdenden Wegspuren auf

**Von Aritzo auf den Meseddu de Texile**

gleichbleibender Höhe am Hang entlang.

Der Weg ist schließlich auf der rechten Seite von einem Holzzaun gesäumt. Dann erreichen wir eine breite Weggabelung. Wir werden später nach rechts weitergehen, zunächst wenden wir uns nach links. Ein schmaler Pfad steigt steil zum Sockel des Felsturms hinauf. Auf der rechten Seite kann man in einer Felsscharte zum Gipfel des **Meseddu de Texile** 4 (1.30 Std.) aufsteigen, dem Hausberg von Aritzo. Das sardische *texili* (sprich ›Teschili‹) bedeutet soviel wie Sitz, Hocker. Dieser Felsturm ist der Rest einer mesozoischen Kalksteintafel, die einst weite Teile des Berglandes bedeckte – ein sogenannter Zeugenberg.

Von hier oben liegt die waldreiche Barbagia Belvi mit den Bergdörfern Aritzo, Belvi, Desulo und Tonara ausgebreitet zu unseren Füßen. In südöstlicher Richtung ist die Talschlucht des Flumendosa mit ihren hellen Kalksteinflanken erkennbar.

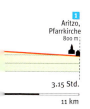

# Tour 16

Wir gehen nun zur Weggabelung zurück, an der wir von rechts gekommen sind, und wandern geradeaus durch einen Kiefernhain weiter. Bald erreichen wir eine Gabelung, an der zwei Schotterwege weiterführen, und gehen rechts mit leichtem Anstieg weiter. An der folgenden Gabelung halten wir uns links, an der nächsten Gabelung wiederum links. Wir steigen in Kehren an, bis wir den Bergrücken der **Serra Genna Piccinnu** 5 (2 Std.) erklommen haben und sich der Weg vor einem Steinmäuerchen teilt.

Nun wandern wir geradeaus auf der Kammlinie am Steinmäuerchen entlang und genießen den schönen Weitblick über das einsame Bergland. Im Westen leuchtet das Meer bei Oristano; die großen Gebirgsstöcke des Monte Arci und des Monte Ferru erheben sich in der Ferne.

Nach 10 Min. passieren wir ein quer verlaufendes Steinmäuerchen. Gleich danach teilt sich der Weg: Wir gehen schräg links hinab. An einer Gabelung wandern wir nach rechts hangparallel weiter. Kurz danach biegen wir an einem Querweg scharf nach links und wandern am Hang entlang bergab. Wir passieren ein Tor und erreichen die nahe Fahrstraße. Wir folgen der **Straße** 6 (2.30 Std.) nach links. Nach einer Viertelstunde erreichen wir eine Straßenverzweigung. Geradeaus gehen wir die Stufen zum **Marienheiligtum** 7 (2.45 Std.) auf dem Hügel empor und dahinter wieder zu einer Straße hinab. Auf dieser Straße gehen wir mit leichter Steigung geradeaus, bis sie nach etwa einer Viertelstunde zwischen übermannshohen Schutzmauern durch einen felsigen Hangeinschnitt führt. Direkt davor verlassen wir die Straße nach links und gehen sogleich links den betonierten Weg hinab. Durch Waldungen und an bemoosten Steinmäuerchen entlang wandern wir stetig bergab.

Am rechten Wegesrand sprudelt die Sorgente Perd'e Istatzu; kurz danach kommen wir nach **Aritzo** hinab. Wir gelangen auf die Hauptstraße und gehen rechts weiter. Am Palazzo Arangino vorbei, dem Anfang des 20. Jh. erbauten Wohnsitz der gleichnamigen Großgrundbesitzerfamilie, kommen wir zur **Pfarrkirche** 1 (3.15 Std.) zurück.

# Tour 17

# Maronen und Holztruhen

### Von Aritzo nach Belvi

Alte, von Steinmäuerchen gesäumte Hohlwege führen von Aritzo durch schattigen Wald zum Nachbardorf Belvi. Mit der urigen Schmalspurbahn geht es zum nächsten Bahnhof, dann zu Fuß entlang der Trasse über hohe Viadukte zurück. Ein Kastanienhain mit stattlichen Baumriesen erwartet uns auf dem Rückweg.

## DIE WANDERUNG IN KÜRZE

**Anspruch:** ++

**Gehzeit:** 4.30 Std.

**Länge:** 16 km

**Charakter:** Einfach. Meist schattige Waldwege sowie ein Pfad entlang der Bahntrasse. Auf den Abstecher mit der Schmalspurbahn kann auch verzichtet werden; die Tour verkürzt sich dann auf 3.15 Std.

**Wanderkarte:** Carta topografica d'Italia, 1:50 000, 530 (Laconi)

**Einkehrmöglichkeit:** Bars und Restaurants in Belvi

**Anfahrt:** Nach Aritzo, an der SS 295. An der Pfarrkirche parken (Ortsmitte).

**Schmalspurbahn:** Von Belvi bis zur nächsten Station in Richtung Sorgono, der Stazione di Desulo-Tonara. Fahrplanauskunft am Bahnhof von Belvi oder www.treninoverde.com, www.treninoverde.it und www.arst.sardegna.it

Schräg gegenüber der Pfarrkirche in **Aritzo** 1 verlassen wir die Hauptstraße, gehen zwischen den Häusern Nummer 44 und 46 den schmalen Treppenweg (Via Scale Carceri) hinunter und kommen unter dem ehemaligen Gefängnis hindurch. Hier gelangen wir auf eine gepflasterte Gasse und wenden uns nach links bergab. An der Kreuzung vor einem alten Haus aus Bruchschiefer laufen wir geradeaus auf der Via Garibaldi weiter. Kurz darauf bietet sich von einem kleinen Platz (Pratza 'e Antoni Sau) ein schöner Blick auf die waldreiche Umgebung von Aritzo. Wir gehen bergab, lassen die letzten Häuser des Ortes hinter uns und kommen in ein Tälchen hinunter; in der Biegung sprudelt frisches Quellwasser aus einem Brunnen.

Der Weg führt hangaufwärts zu einer Verzweigung, an der wir schräg links bergab gehen. Wir wandern auf dem befestigten Weg durch schattige Waldungen mit Haselsträuchern, Esskastanien und Eichen. Links kommt ein Brunnen mit Sitzbänken, **Funtana di Zi'Arbara** (auch: de Albara; 15 Min.). Wir gehen geradeaus auf dem Pflasterweg weiter und erreichen gut 10 Min. später eine Wegkreuzung. Geradeaus zeigt ein Wegweiser zum »M. Texile«. Wir jedoch biegen an dieser Stelle nach rechts. Es geht stetig auf dem etwas zugewachsenen Weg im Wald bergab, bis wir im Tal des Riu Ispisailia bei einem

79

# Tour 17

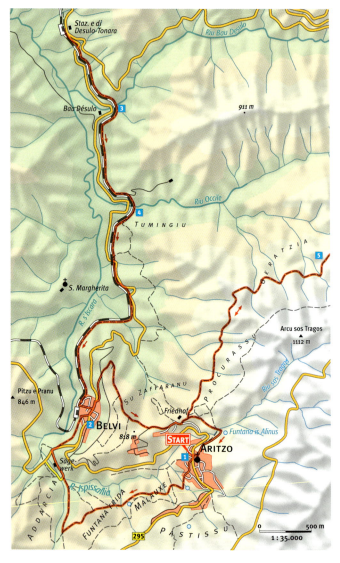

Haus auf einen Fahrweg gelangen und geradeaus weiterlaufen. Wir kommen an Gebäuden mit Sägewerk vorbei und stoßen kurz danach auf die asphaltierte Hauptstraße. Hier wenden wir uns nach rechts und biegen nach der Kurve schräg links auf die Via G. Marconi ab (Wegweiser »Chiesa S. Agostino«), die uns nach Belvi führt. Der Blick schweift über das waldige Tal des Riu s'Iscara zum Pitzu 'e Pranu, einem Kalksteinfels.

In **Belvi** **2** (1 Std.) gehen wir rechts an der Pfarrkirche vorbei, halten uns danach links und erreichen die Hauptstraße. Wir laufen nach links zur Tankstelle und nehmen dahinter die scharfe Linksabzweigung (Wegweiser »Stazione ferroviaria«). Links an der kleinen Grünanlage vorbei gehen wir die Via S. Giovanni Bosco hinab und kommen zum Bahnhof hinunter. Die Fahrt mit der Schmalspurbahn bis zur nächsten Station dauert nur wenige Minuten. Weitab der Ortschaften gelegen, deren Namen sie trägt, sieht die **Stazione di Desulo-Tonara** nur selten Fahrgäste.

Vom Bahnhof folgen wir dem Pfad entlang dem Bahndamm nach Belvi zurück. Die Trasse schneidet zunächst die Fahrstraße und führt auf einem hohen Viadukt über das Tal des **Riu Bau Desulo** **3** (1.15 Std.). Ein weiteres Viadukt führt uns über den Taleinschnitt des **Riu Occile** **4** (1.30 Std.). Die Trasse schneidet nochmals die Fahrstraße und bringt uns zum Bahnhof von **Belvi** **2** zurück. Wir laufen wieder zur Hauptstraße hinauf (2.15 Std.). Mehrere Bars verlocken zu einem Cappuccino – oder vielleicht doch eher zu einem kühlen Bier.

Wir folgen der Hauptstraße kurz nach links und laufen nach Haus Nr. 12 schräg rechts die gepflasterte Straße empor, schneiden eine breite Asphaltstraße (Via J. F. Kennedy) und gehen geradeaus auf der Via A. De Gasperi weiter. Die betonierte Straße endet nach einer Rechtsbiegung. Wir laufen etwa 20 m geradeaus auf dem Fahrweg weiter und gehen dann nach rechts bergauf. Dieser Weg führt sogleich an einem Haus vorbei und steigt stetig im Wald an. Beim Aufstieg gehen wir an einer Rechtsabzweigung vorbei; an einer Gabelung halten wir uns links. Wir erreichen schließlich eine Asphaltstraße und gehen links weiter. Die Straße führt uns geradewegs zum Friedhof von Aritzo.

Es geht rechts am Friedhof vorbei und geradeaus auf der ansteigenden Via Is Alinos weiter. Nun bietet sich ein schöner Blick auf Aritzo, dessen Altstadthäuser sich malerisch um die Pfarrkirche scharen. Beim ersten Haus verlassen wir die Straße in der Rechtsbiegung (3 Std.) und folgen geradeaus dem betonierten Weg. Wir bleiben stets geradeaus auf dem streckenweise betonierten Hauptweg und steigen in einer Doppelkehre an. Über grüne Hänge hinweg fällt der Blick auf Belvi. An einer Gabelung halten wir uns links und gelangen in den Kastanienhain **Geratzia** mit seinen knorrigen Bäumen. Nach etwa 15 Min. verläuft sich der Weg bei einem **Weidegatter** **5** (3.30 Std.), und hier kehren wir um.

Es geht nun auf demselben Weg zurück, bis wir wieder auf die Straßenbiegung bei dem Haus stoßen; wir folgen der Via Is Alinos links an Wohnhäusern vorbei. Im Tälchen des Riu sos Tragos sprudelt die **Funtana is Alinus,** die Erlen-Quelle (sard. *álinu,* ›Erle‹; 4.15 Std.). Durstige Wanderer seien jedoch gewarnt: So verlockend das frische Quellwasser auch schmeckt – nicht mehr als 20 Liter Wasser dürfen auf einmal abgezapft werden *(si possono prelevare litri 20 di acqua alla volta).*

Wir folgen der gepflasterten Straße bergab, bis wir links ebenerdig auf die Via Is Alinos weitergehen. (Für einen Besuch des Heimatmuseums geht man jedoch weiter zur Hauptstraße hinunter und gelangt schräg gegenüber zum Schulhaus hinab, wo das Museum

**Tour** 17

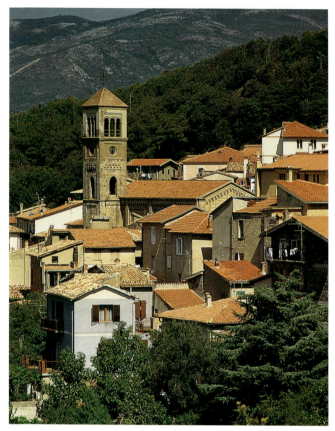

*Blick auf Aritzo*

untergebracht ist.) Vor einem Haus knickt die Straße nach links. Sogleich biegen wir rechts in die Via B. Sulis. An der Gabelung vor dem Haus Nr. 4, einem alten Haus mit Holzbalkon, führt uns rechts die Via Arangino zur Pfarrkirche von **Aritzo** 1 (4.30 Std.) hinunter.

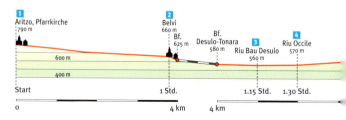

82

**Von Aritzo nach Belvi**

## Kastanien und Eishandel

Am Fuße der kahlen Gipfel des Gennargentu, im waldreichen Bergland der Barbagia, liegt Aritzo. Der Ortsname leitet sich entweder von der lateinischen Wurzel *aqua* (›wasserreicher Ort‹) ab oder aber er geht, was noch wahrscheinlicher erscheint, auf die europäische Ursprache Vaskonisch zurück und bedeutet – wie baskisch *aritzu* – ›Eiche‹.

Neubauten bestimmen das Ortsbild, doch vereinzelt sind noch alte Häuser aus Schieferbruchstein mit ihren überdachten Holzbalkonen zu sehen. Betuchte Cagliaritaner suchten das Bergdorf bereits Ende des 19. Jh. als Sommerfrische auf, nicht zuletzt deshalb, weil man in diesen luftigen Höhen halbwegs sicher vor der Malaria war. Heute ist Aritzo ein beliebter Ausgangspunkt für Bergtouren.

In den umliegenden quellenreichen Wäldern gedeihen neben Eichen auch Ess- oder Edelkastanien. Ursprünglich nicht auf Sardinien beheimatet, wurde die Esskastanie *(Castanea sativa)* schon in der Römerzeit eingebürgert. Der Baum erreicht rasch stattliche Größe und liefert ein relativ weiches, leicht zu bearbeitendes Holz. Die stärkereichen, stachelbewehrten Früchte hatten einst große Bedeutung für die Ernährung und wurden gekocht oder geröstet als Maronen gegessen; das Mehl fand auch zum Brotbacken Verwendung. Am letzten Sonntag im Oktober feiert ganz Aritzo die Sagra delle Castagne mit Tänzen, Folklore und Jahrmarkt; der Duft frisch gerösteter Maronen liegt in der Luft.

Forstwirtschaft, Fremdenverkehr und die traditionelle Weidewirtschaft bescheren den Menschen in Aritzo ihr Einkommen. Das Schnitzen von Gebrauchsgegenständen und Möbeln aus Kastanien- und Nussbaumholz hat hier wie den anderen Bergdörfern der Barbagia eine lange Tradition. Im Heimatmuseum (Museo etnografico) in Aritzo sind solche Holzschnitzarbeiten ausgestellt, wie sie vor allem im Winter als Nebenerwerb gefertigt wurden. Berühmt sind die Holztruhen, die mit ornamentalen Mustern sowie einem stilisierten, stets wiederkehrenden Vogelmotiv verziert sind: zwei Wiedehopfen (sardisch *sas pubùsas*), unschwer an ihrer charakteristischen Federhaube zu erkennen.

Zum relativen Wohlstand von Aritzo trugen einst auch die Schneelager bei, die im Winter an den Hängen des Monte Funtana angelegt wurden. Im Sommer wurde der zu Eis komprimierte Schnee nach Cagliari geliefert und zur Herstellung von Speiseeis und Sorbets verwendet. Erst in den 1920er Jahren kam der Eishandel durch die Entwicklung maschineller Kältekompressoren zum Erliegen.

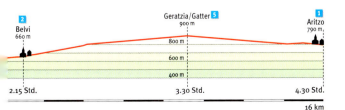

# Tour 18

# Im Bergland der Sieben Brüder

## Rundwanderung zum Monte dei Sette Fratelli

Mit auffälligen Granitzacken, die dem Waldgebirge zu seinem Namen verholfen haben, erhebt sich der Monte dei Sette Fratelli (›Berg der Sieben Brüder‹). Das Kloster an seinen Hängen liegt seit langem in Ruinen. Ein schmaler Waldpfad führt in die Gipfelregion hinauf, wo uns eine Welt bizarr verwitterter Granitfelsen erwartet.

### DIE WANDERUNG IN KÜRZE

**+++**
Anspruch

**5.30 Std.**
Gehzeit

**12 km**
Länge

**Charakter:** Anspruchsvoll. Anhaltender Aufstieg, überwiegend auf einem gut markierten, vielfach gerölligen und schattigen Waldpfad, der einen gewissen Orientierungssinn erfordert. Der Rückweg verläuft größtenteils auf einer sonnigen Schotterstraße.

**Wanderkarte:** Carta topografica d'Italia, 1:50 000, 558 (Burcei)

**Einkehrmöglichkeit:** Keine

**Anfahrt:** Von Cagliari auf der SS 125 nach Osten in Richtung Muravera. Auf dem Pass Arcu 'e Tidu im waldigen Bergland die beschilderte Rechtsabzweigung »Parco 7 Fratelli« nehmen (unmittelbar vor der Linksabzweigung nach Bulcei) und nach 250 m rechts auf dem Parkplatz gegenüber der Caserma Forestale (Forststation) parken.

**Hinweis:** In der Forststation ist ein kleines Museum zur bedrohten Fauna der Insel untergebracht.

Links vom Eingangstor der **Forststation 1** bei S. Gregorio steht ein Wegweiser »Sentiero Italia«. Unser Zeichen, das uns in die Kammregion der Sette Fratelli hinaufführen wird, ist ein roter Strich auf weißem Grund. Wir folgen dem markierten Pfad in den Wald hinab (Wegweiser »Riu Maidopis«). Der Pfad verläuft unterhalb der Forststation am Hang und führt allmählich bergab. Nach etwa 10 Min. nehmen wir die markierte Rechtsabzweigung (falls man auf einen Zaun stößt, ist man etwas zu weit gegangen) und folgen dem Pfad weiter bergab. Bald überqueren wir einen Fahrweg (links ist in mittlerer Entfernung ein rotes Haus zu sehen) und gehen rechts an einem Trafohäuschen vorbei geradeaus in den Wald hinab; rechts bleibt eine große Freifläche liegen. Sogleich durchqueren wir das von üppigem Grün gesäumte Bachbett des **Riu Maidopis 2** (15 Min.). Hinter dem Flüsschen steigt der Weg an. Bald biegen wir an einer Wegverzweigung scharf nach rechts bergauf. Wir erreichen die Biegung einer Schotterstraße und gehen links ansteigend weiter. Nach gut

*Gipfelregion der Sette Fratelli*

## Rundwanderung zum Monte dei Sette Fratelli

# Tour 18

10 Minuten kommt eine Gabelung, an der wir uns rechts halten (Wegweiser »Cunventu«). Wir wandern nun durch das Gebiet S'Eremigu Mannu (›Der große Eremit‹), bis am rechten Wegesrand die spärlichen Ruinen des **Convento dei Sette Fratelli** (1 Std.) auftauchen. So idyllisch uns dieses stille Fleckchen erscheinen mag, das Klosterleben in der Waldeinsamkeit war sicherlich alles andere als beschaulich. Im Schatten der mächtigen Eichen können wir eine kleine Rast einlegen. Anschließend gehen wir geradeaus auf dem Hauptweg weiter, vorbei an dem links ansteigenden Seitenweg. Nach wenigen Minuten erreichen wir eine Weggabelung und wandern rechts weiter. Bald durchqueren wir den felsigen Bachlauf des **Riu su Guventu** (›Klosterbach‹). Danach geht es auf dem gut markierten, vielfach geröllligen Pfad (ein alter Köhlerweg) stetig im Wald bergauf. Bei einer Felsgruppe tritt der Wald kurz zurück, und der Blick fällt auf die waldreiche Landschaft. Landeinwärts im Nordwesten ist das Dorf Burcei erkennbar. Bald passieren wir eine gut erhaltene Köhlerterrasse. Der geröllige Pfad steigt, an Köhlerterrassen vorbei, weiter im Wald an und führt allmählich in die felsige Kammregion der **Punte Sette Fratelli,** deren höchste Erhebung von der Punta Sa Ceraxa (1016 m) gebildet wird. Nun müssen wir ganz besonders aufmerksam auf unser Wegzeichen achten, um nicht die Orientierung zu verlieren. Der Pfad schlängelt sich längere Zeit auf und ab durch die bizarre Granitlandschaft mit ihren merkwürdigen Felsformationen. Wir erreichen schließlich eine **Gabelung** mit einem Wegweiser (Località **Valico dei Sette Fratelli**; 3 Std.); rechts ist »Acqueddas 45 Min.« ausgeschildert, links »Baccu Malu 30 Min.«. Wir folgen dem Pfad nach links hinab; er verläuft teilweise in einem kleinen geröllligen Bachbett. Bald lassen wir den Wald

**Rundwanderung zum Monte dei Sette Fratelli**

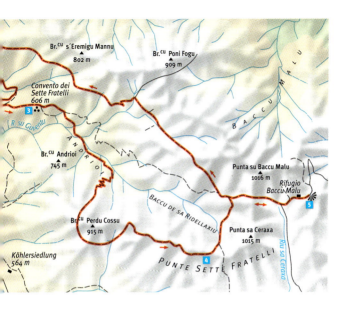

hinter uns und laufen links an der Einzäunung eines Mufflongeheges entlang. Schließlich stoßen wir auf eine Schotterstraße und folgen ihr nach rechts. Nach 5 Min. gehen wir an einer Rechtsabzweigung vorbei geradeaus bergauf. Bald kommt eine Gabelung, an der wir uns rechts halten. Der Weg führt am Rifugio Baccu Malu vorbei. Kurz danach befindet sich am rechten Wegesrand eine **Aussichtsplattform** 5 (3.30 Std.) mit Sitzbank; von hier hat man einen hinreißenden Ausblick auf die Küstenlandschaft der Costa Rei. Nach ausgiebiger Rast geht es auf der Schotterstraße zurück. Wir laufen an der Abzweigung des Pfades vorbei, von wo wir ursprünglich gekommen sind, und wandern geradeaus auf der Schotterstraße weiter. Beim allmählichen Abstieg bietet sich nun links von uns eine schöne Sicht auf die Gipfelkette der Sette Fratelli. Über den Campidano hinweg schweift der Blick nach Westen bis zum Sulcis und Iglesiente. An einer **Wegverzweigung** (4.15 Std.) wandern wir nach links weiter bergab (rechts steigt ein Weg zur Nuraghe Su Gattu an). Wir kommen wieder an der Linksabzweigung vorbei (5 Std.), die wir ursprünglich zum Kloster gegangen sind, und wandern geradeaus weiter bergab. Nach 10 Min. verlassen wir die Schotterstraße in der Linksbiegung und gehen den Fußweg hinunter. Auf dem Hinweg gelangen wir durch das Tal des **Riu Maidopis** 2 zur **Forststation** 1 (5.30 Std.) zurück.

# Tour 18

*Monte dei Sette Fratelli*

## Wollsäcke, Wackelsteine und Pilzfelsen

Bei der Verwitterung von Granit entstehen grobe, abgerundete Blöcke, die aufgrund ihrer charakteristischen Form auch als ›Wollsäcke‹ bezeichnet werden. Der anschauliche Ausdruck wurde im 19. Jh. geprägt, als man Wolle für den Transport noch in Jutesäcke stopfte. Die zunächst noch im Boden verborgenen Felsblöcke werden durch die Abtragung allmählich aus dem umgebenden Gestein herausgeschält. An der Erdoberfläche setzt ein Verwitterungsvorgang ein, der zur Entstehung jener bizarren Felsformationen führt, die manchmal geradezu wie von Künstlerhand geschaffene moderne Skulpturen ausschauen.

Zu den Verwitterungsformen gehören Aushöhlungen von Felsblöcken, die nach dem korsischen Wort für Fenster *(tafone)* als Tafoni bezeichnet werden (s. S. 22). Diese Verwitterungshöhlen können an allen Stellen des Felsens entstehen und erweitern sich bei ausreichender Luftfeuchtigkeit schräg nach oben in das Gestein hinein. Durch die Entstehung mehrerer Tafoni kann sich eine wabenartige Oberfläche ausbilden; manchmal sind die Felsen auch völlig durchlöchert. Häufig bilden sich durch Tafoni pilzförmige Felsen aus. Traditionell werden Tafoni von den Hirten als natürliche Unterstände genutzt, die Schutz vor Sonne und Regen bieten; nicht selten sind sie durch Mäuerchen unterbaut. Wackelsteine sind frei stehende Granitblöcke, die nur an einer Stelle auf dem Boden aufliegen. Wenn man an der richtigen Stelle ansetzt, kann ein Wackelstein tatsächlich ein wenig bewegt werden.

Die stark zerklüfteten Gipfelregionen von Granitgebirgen werden von monolithischen Glocken- und Schildbergen gekrönt, an denen die Erosion nur langsam durch ein schalenförmiges Abplatzen der Gesteinsrinde voranschreitet. Die auffälligen gezackten Kammlinien bestehen aus besonders widerständigen, mittel- bis feinkörnigen Granitvarietäten.

# Tour 19

# Ein Stein auf dem andern

### Durch das Maidopis-Tal zur Perda sub'e Pari

Diese Runde durch das grüne Maidopis-Tal im Bergland der sieben Brüder führt zu alten Köhlersiedlungen. Bachläufe mit großen Gumpen verlocken an heißen Tagen zum erfrischenden Bad. Von einem Bergrücken bieten sich herrliche Ausblicke über das Waldgebirge.

## DIE WANDERUNG IN KÜRZE

**++**
Anspruch

**5 Std.**
Gehzeit

**12 km**
Länge

**Charakter:** Unschwierig. Forststraße und schattige Waldpfade, die mit verschiedenfarbigen Zeichen markiert sind. Kurzer Anstieg über Felsbrocken, der den Einsatz der Hände erfordert.

**Wanderkarte:** Carta topografica d'Italia, 1:50 000, 558 (Burcei)

**Einkehrmöglichkeit:** Keine

**Anfahrt:** Von Cagliari auf der SS 125 nach Osten in Richtung Muravera. Auf dem Pass Arcu 'e Tidu im waldigen Bergland die beschilderte Rechtsabzweigung »Parco 7 Fratelli« nehmen (unmittelbar vor der Linksabzweigung nach Bulcei) und nach 250 m rechts auf dem Parkplatz gegenüber der Caserma Forestale (Forststation) parken.

**Hinweis:** In der Forststation ist ein kleines Museum zur bedrohten Fauna der Insel untergebracht.

Vom Parkplatz gegenüber der **Forststation**  laufen wir zunächst auf der Asphaltstraße weiter, bis wir sie nach 200 m verlassen und links durch ein grünes Eisengittertor gehen. Die auf der Tafel angeschlagenen Öffnungszeiten des Naturparks gelten für Autofahrer, da nachts das Tor geschlossen wird. Sogleich halten wir uns rechts und wandern die breite Schotterstraße bergab. Im Tal überqueren wir den Riu Monte Cresia auf einer Brücke. Bald überqueren wir auch den **Riu Maidopis** 2 (15 Min.) und wandern danach an der Gabelung rechts weiter. Die Schotterstraße verläuft recht geradlinig im Maidopis-Tal und steigt langsam an. Dort, wo ein grünes Eisengeländer längere Zeit die rechte Wegseite flankiert, bietet sich ein schöner Blick in das Maidopis-Tal. Aufgepasst: Etwa 100 m nach einer **kleinen Brücke** mit seitlichem grünem Geländer (45 Min.) verlassen wir die Schotterstraße und gehen schräg links den anfänglich mit Steinen gepflasterten Köhlerweg hinauf. An dieser Abzweigung steht ein Holzschild »AFDRS Sentiero No 2«. Nach gut 5 Min. sind rechts des Weges rechteckige Grundmauern zu sehen, die von einer alten Köhlersiedlung stammen. Der Weg setzt sich nun etwas steiler und geröllig als Hohlweg fort. Dann steigen wir kräftig über große Fels-

89

# Tour 19

brocken an. Schließlich erreichen wir einen mit Oleander bestandenen Bachlauf; rechts liegt eine große **Gumpe** 3 (1 Std.), die zu einem kurzen Bad einlädt. Steinig setzt sich der alte Köhlerweg links hangaufwärts fort. Bald gehen wir an einem schräg links ansteigenden Weg vorbei geradeaus auf dem Hauptweg weiter. Wir queren einen Bachlauf und auf einer kleinen **Furt** 4 (1.30 Std.) aus Steinen einen weiteren. Kurz danach halten wir uns an einer Gabelung rechts und überqueren ein weiteres Bachbett. Die Gegend hier im Oberlauf des Tals trägt den passenden Namen Tuppe Ludu – ›Schlammwäldchen‹. Nach weiterem Anstieg halten wir uns an einer Gabelung rechts. Kurz danach ist links des Weges eine große alte Steineiche zu sehen, die von den Köhlern verschont blieb, da sie ihnen als schattiger Rastplatz diente. Wir erreichen schließlich die höchste Stelle unserer Wanderung und haben einen freien Blick auf das waldige Maidopis-Tal; in der Ferne ist jenseits eines Bergrückens das Meer erkennbar. Höchster Gipfel ist Sa Perda sub'e Pari (791 m), ›ein Stein auf dem andern‹. An der Gabelung auf der **Anhöhe** 5 (1.45 Std.) geht es links und wir wandern nun bergab. Nach zügigem Abstieg gelangen wir auf die Schotterstraße im **Maidopis-Tal** 6 (2.15 Std.); links liegt eine Baumschule der Forstbehörde. Wir folgen der Schotterstraße nach links (rechts liegt die Wiesenaue des Maidopis), überqueren ein Brückchen und biegen sogleich rechts auf den Waldpfad ab, der mit orangefarbenen und grünen Zeichen markiert ist. Bald überqueren wir einen Bachlauf und steigen auf einem alten Köhlerweg im dichten Wald an. Etwa 20 m, bevor wir am Arcu sa Spina auf einen breiten Querweg (Brandschutzschneise) stoßen, biegen wir an einer **Gabelung** 7 (2.45 Std.) mit der orangefarbenen Markierung nach rechts. Alsbald gabelt sich der Pfad erneut: wiederum halten wir uns rechts. Beim weiteren Anstieg öffnet sich der Blick nach Süden auf das grüne Hochtal des Riu Monte Cresia. Bald gelangen wir am Monte Arrubiu in die felsige **Kammregion** 8 des Bergrückens (3 Std.); zur Rechten erblicken wir jenseits des Maidopis-Tals die Sette Fratelli. Der Pfad schlängelt sich in leichtem Auf und Ab auf dem Bergrücken entlang und gewährt schöne Ausblicke über das waldreiche Gebirge. Wir müssen auf die unscheinbare, aber orange markierte **Rechtsabzweigung** unseres Wanderpfades achten (3.15 Std.). Falls man diese Abzweigung verpasst, gelangt man binnen 5 Min. auf dem sich verbreiternden Weg zu einer breiten Gabelung und geht von hier noch einmal 5 Min. Der markierte Pfad schlängelt sich weiter durch Macchia und Wald, wo wir die Überreste einer alten **Köhlersiedlung** 9 (3.45 Std.) passieren. Auf dem alten Köhlerweg geht es nun

90

## Durch das Maidopis-Tal zur Perda sub'e Pari

bergab; am Wegesrand liegen viele Köhlerterrassen. Wir stoßen schließlich auf einen Querweg, trennen uns vom orangefarbenen Zeichen und ge-

hen links mit der blauen Markierung weiter. Bald überqueren wir den munter plätschernden Bachlauf des **Riu Monte Cresia** 10 auf einem Holzbrückchen (4.15 Std.). Danach steigt der Pfad stetig an und gewährt herrliche Ausblicke in das unberührte Flusstal. Schließlich führt der Pfad leicht bergab und an einem Brunnen vorbei, um in die uns bekannte Schotterstraße einzumünden. Nach links bergauf gelangen wir zur **Forststation** 1 (5 Std.) zurück.

Tour 20

# Das Kap, das den Wind teilt

## Entlang der Costa del Sud zur Torre di Chia

Mit seinen schier endlosen Sandstränden, türkisblauen Meeresbuchten und urgewaltigen Felsformationen beschwört der Küstenlandstrich am Capo Spartivento geradezu Südsee-Impressionen herauf. Ein Bad im Meer bietet sich an.

### DIE WANDERUNG IN KÜRZE

**+** Anspruch

**5 Std.** Gehzeit

**17 km** Länge

**Charakter:** Einfache, schattenlose Küstenwanderung auf Pfaden, Wegen und an Sandstränden entlang; unterwegs gute Bademöglichkeiten.

**Wanderkarte:** Carta topografica d'Italia, 1:50 000, 573 (Teulada)

**Einkehrmöglichkeit:** Unterwegs keine, aber von der Torre di Chia am Wendepunkt der Wanderung ist die Bar Mongittu in knapp 15 Min. erreichbar.

**Anfahrt:** Von Pula auf der SS 195 in Richtung Teulada, dann die beschilderte Linksabzweigung nach Chia nehmen. An der zentralen Straßenkreuzung von Chia (links die Bar Mongittu und Supermarkt) geradeaus weiter, vorbei an der Linksabzweigung zur Torre di Chia. Nach genau 5,5 km kommt kurz hinter einem kleinen Sattel links eine kleine Feriensiedlung mit Einfahrtstor; an der Zufahrt steht ein Wegweiser »Perdalongu«. Parkmöglichkeit am Straßenrand.

Von der **Straße** 1 gehen wir die Abzweigung zur Feriensiedlung am Wegweiser »Perdalongu« hinab. Vor dem Tor folgen wir rechts dem Pfad am Zaun bzw. den Eukalyptusbäumen entlang bergab. Am Ende des Zauns (beim unteren Tor) wechseln wir auf den breiteren Weg, der uns zur Küste führt. Hier wandern wir links auf einem Pfad durch die Macchia weiter; über den Hügel der Punta Pinnetta gelangen wir zu einer kleinen Meeresbucht. Dahinter steigen wir auf dem deutlichen Pfad oberhalb der Küste an. Sogleich öffnet sich eine wunderschöne Aussicht auf die nahezu unbebaute Küste mit ihren türkisblau schimmernden Buchten.

## Entlang der Costa del Sud zur Torre di Chia

*In der Ferne das Ziel der Wanderung, die Torre di Chia*

Direkt vor uns erblicken wir das von einem alten Wachtturm gekrönte Capo Malfatano. Im Hintergrund liegt das Capo Teulada; dieses südlichste Vorgebirge Sardiniens ist militärisches Sperrgebiet.

Der schmale Pfad schlängelt sich durch niedrige Macchia und ist im Verlauf ganz eindeutig. Schließlich schwenkt er nach rechts und führt zu einer **Sandbucht** (30 Min.) hinab; vor der Küste ragen die von Seevögeln bewohnten Granitklippen der Isole Ferraglione aus dem Meer. Von der Bucht gehen wir auf einem Jeepweg weiter und halten uns nach 5 Min. an der Gabelung links. Kurz darauf nähert sich der Weg einer kleinen Bucht und steigt dann kräftig an. Bei einem eingezäunten Gelände (links) nehmen wir die Rechtsabzweigung und wandern gemütlich am Hang des Monte sa Guardia Manna entlang. Der Weg verschmälert sich und führt durch dichte Macchia zügig hangabwärts. Unweit einer kleinen Bucht mit halb verfallenem Bootsanleger halten wir uns an einer Gabelung links und wandern auf dem alten, mit Steinen befestigten Küstenweg zum Leuchtturm (Faro) am **Capo Spartivento** 2 (1.15 Std.) hinauf. Das Leuchtfeuer am ›Kap, das den Wind teilt‹ ist automatisiert.

Vor dem Bauwerk gehen wir nach links auf einem anfänglich grasigen Weg weiter, der in Richtung des landeinwärts aufragenden Berges führt. Bald steigen wir auf einem alten, mit Steinen befestigten Weg am Hang

# Tour 20

an. Uns umgibt artenreiche Macchia mit wunderschönen Exemplaren der Baumartigen Wolfsmilch *(Euphorbia dendroides)*. Auf einem kleinen Sattel halten wir uns links und folgen dem Weg bis zum Gipfel empor. Auf dem **Monte sa Guardia Manna** (1.45 Std.), dem ›großen Wächterberg‹, steht ein verfallener militärischer Wachtposten. Der Ausblick von hier oben ist grandios: Man überblickt die gesamte Costa del Sud mit ihren schier endlosen Stränden, von Sarazenentürmen gekrönten Vorgebirgen und küstennahen Brackwasserseen *(stagni)*. Landeinwärts erheben sich die bewaldeten Ausläufer des Sulcis-Gebirges.

Wir kehren zum Leuchtturm am **Capo Spartivento** zurück, gehen links zwischen den Gebäuden hindurch und folgen dem Schotterweg zur **Cala Gibudda** hinab.

Fast unwiderstehlich lockt die geschützte Meeresbucht, doch ist dies erst der Auftakt einer langen Folge von Traumstränden. Der Fahrweg führt uns über eine kleine Anhöhe. Dahinter wenden wir uns auf der Höhe des großen Parkplatzes nach rechts und gelangen durch die Dünen auf den weiten Sandstrand an einem Küstenabschnitt namens **Porto**

*Buchten an der Costa del Sud*

**Entlang der Costa del Sud zur Torre di Chia**

**Campana** 4 (2.15 Std.). Schier endlos scheint sich dieser strahlend weiße, sanft in das türkisblaue Wasser abfallende Sandstrand zu erstrecken. Am Meer entlang marschieren wir über den Sand. Der Küste vorgelagert sind die Isole su Giudeu (›Judeninseln‹). Bei Ebbe lassen sie sich zu Fuß erreichen. Landeinwärts erstreckt sich der Stangioni de su Sali, ein seichter Brackwassersee, der im Sommer nahezu vollständig austrocknet und dann nicht viel mehr als eine Salzkruste hinterlässt. Der Strand endet an einer kleinen **Landspitze** (2.30 Std.), wo oft Surfer im Wasser zu sehen sind. Wir überqueren die Landspitze und gelangen erneut auf einen Strand. An seinem Ende kommen wir durch Küstenmacchia weiter und erreichen über Felsen einen weiteren Sandstrand. Unseren Blicken entzogen erstreckt sich hinter dem Strand der Stagno di Chia. Am Ende der Sandbucht liegt ein kleines Vorgebirge, auf dem sich die **Torre di Chia** 5 erhebt. Ein Pfad steigt durch die Macchia an und mündet rasch in einen Weg, der zu diesem Sarazenenturm hinaufführt (3 Std.). Nochmals haben wir eine großartige Aussicht auf die Costa del Sud und das grüne Hinterland. Am Fuße des Turms, verdeckt unter dem Gestrüpp, liegen die spärlichen Überreste der phönizisch-punischen Stadt Bithia. Nur wenige Mauerzüge zeugen noch von dieser kleinen Handelsniederlassung. Die Bar Mongittu an der Straßenkreuzung von Chia erreicht man, indem man der Schotterstraße 10 Min. landeinwärts folgt. Wir kehren auf demselben Weg, auf dem wir gekommen sind, zur **Straße** 1 bei der Feriensiedlung (5 Std.) zurück.

**Tour 21**

# Wildbirnen und Karstschlünde

## Durch den Staatsforst Marganai

Ein gewaltiger Kalksteinrücken türmt sich bei Iglesias auf. Mit steilen Felsschroffen bricht das Gebirge zum Cixerrigraben ab, doch dahinter schließen sich dichte Eichenwälder an. Eine ehemalige Mine zeugt von der Bedeutung des Bergbaus im Iglesiente.

### DIE WANDERUNG IN KÜRZE

**Anspruch:** ++

**Gehzeit:** 4 Std.

**Länge:** 13 km

**Charakter:** Mittelschwer. Bequeme Forstwege, aber auch unscheinbare Waldpfade. Reichlich Schatten.

**Wanderkarte:** Carta topografica d'Italia, 1:50 000, 555 (Iglesias)

**Einkehrmöglichkeit:** Keine

**Anfahrt:** Von Iglesias auf der SS 126 nach Norden über den Stausee, bald danach die beschilderte Rechtsabzweigung nach S. Benedetto nehmen. In San Benedetto rechts abbiegen (Wegweiser »Parco Marganai«). Nach 3,3 km erreicht man den großen Parkplatz vor einem Picknickgelände mit Grillplätzen in der Talaue (Località Mamenga).

---

Hinter dem **Picknickgelände** 1 zweigt scharf rechts ein Weg ab (Eisentor), dem wir ansteigend folgen. Bald passieren wir einen Trinkbrunnen (gespeist von der Sorgente Mamenga) und wandern weiter bergauf. Kurz danach gehen wir an einem links abzweigenden Grasweg vorbei geradeaus ansteigend weiter.

Wir folgen unserem Weg um eine Linkskehre und zweigen dann scharf rechts auf einen weiter ansteigenden Weg ab. Der Weg beschreibt kurz darauf eine scharfe Linkskehre und verläuft dann geradeaus ansteigend am Bergrücken der Serra Pirastu (*piràstu*, ›Wildbirne‹). Es bietet sich ein großartiger Ausblick nach Südwesten über Iglesias hinweg.

Wir durchqueren einen **Weidezaun** (Zauntritt; 30 Min.) und überschreiten die Anhöhe; danach geht es im Korkeichenwald bergab. An einer Linksabzweigung vorbei durchqueren wir ein Eisengittertor und stoßen schließlich auf einen Quer-

96

## Durch den Staatsforst Marganai

weg. Nun wandern wir nach links am Hang entlang weiter, vorbei an einer Funkantenne.

Am linken Wegesrand kommt ein Gebäude mit dem Schild »Fucina« (Schmiede). Wir folgen dem Weg weiter bis zum ersten Haus der **Forststation** 2 (Case Marganai; 1 Std.) und biegen direkt davor rechts auf den Waldpfad (Sentiero C.A.I.) ab, der mit rot-weiß-roten Zeichen markiert ist. Der Pfad führt im Eichenwald zu einem Kohlenmeiler hinab. Danach gehen wir noch 50 m bergab und biegen dann scharf nach links (Pfeil). Der Pfad führt rechts an einem Karstschlund vorbei und stößt auf einen Forstweg, dem wir nun nach rechts bergab folgen. Der markierte Pfad zweigt bald rechts ab und mündet schließlich wieder in den Forstweg ein.

Bequem wandern wir in Serpentinen talabwärts. Wir biegen schließlich links auf den markierten **Waldpfad** 3 ab (1.30 Std.) und halten uns nach etwa 100 m an der Gabelung links. Auf einem ehemaligen Köhlerweg, heute nurmehr ein steiniger Pfad, wandern wir im lichten Steineichenwald stetig bergan und passieren einige alte Köhlerterrassen. In einer Lichtung schwenkt der Pfad nach links und führt in den Wald zurück.

An einer **Wegkreuzung** 4 (2 Std.) führt der markierte Waldpfad geradeaus weiter, wir jedoch folgen dem

*Feigenkaktus (Opuntia) und blühende Baumartige Wolfsmilch (Euphorbia dendroides) vor Kalksteinschroffen ›*

97

# Tour 21

breiten Weg nach links. Wir stoßen auf die Biegung des Hauptweges, der rechts von der Punta San Michele kommt, und wandern nach links bergab weiter. Kurz darauf geht es an einer Linksabzweigung (Schild »Vecchia Cant. Marganai«) vorbei.

Bald nähern wir uns einem Eisentor, das den Weg versperrt. Etwa 75 m davor folgen wir schräg rechts dem rot-weiß markierten Waldpfad. Stetig ansteigend (von schräg links kommt ein Pfad hinzu) erreichen wir den kleinen Felsgipfel **Su Gruttoni Mauris** 5 (2.30 Std.) mit weitem Ausblick nach Norden über den einsamen, waldreichen Iglesiente. In der Flanke des Felsgipfels öffnet sich eine Karstdoline. Der Weg führt von hier über Stufen hinunter und mündet in einen alten Köhlerweg, dem wir in Kehren bergab folgen.

Bei einigen Robinien und Feigenbäumen folgen wir dem Pfad um ei-

98

**Durch den Staatsforst Marganai**

ne scharfe Linkskehre (vorbei an einer Rechtsabzweigung). Bei einer grünen Eisenschranke kommen wir auf einen **Fahrweg** im waldigen Tal des **Gutturu Farris** 6 (3 Std.), dem wir nach links bergauf folgen.

Der Weg steigt schließlich in einigen Kehren zu einem aufgelassenen **Bleibergwerk** 7 (3.45 Std.) an der Punta Genna Ruxitta an. Am linken Wegesrand liegt ein eingezäunter Karstschlund.

Danach führt der Weg bergab und beschreibt sehr bald eine scharfe Rechts-, dann sogleich eine Linkskehre. In dieser S-Kurve verlassen wir ihn und folgen rechts dem Pfad, der mit dem Symbol ›Wildschwein‹ und rot-weißen Zeichen markiert ist, in den Wald.

Wir kommen an zwei Köhlerterrassen vorbei und gelangen schließlich auf die Zufahrtsstraße zum **Picknickgelände** 1 (4 Std.).

# Tour 22

# Vom Gipfel in die Unterwelt

**Von der Grotta di San Giovanni auf die Punta San Michele**

Steil ist der Aufstieg auf den Kalksteinrücken, der sich bei Iglesias erhebt, atemberaubend der Ausblick vom Gipfel über das Bergland des Iglesiente und in den Cixerrigraben. Gemütlich geht es weiter zu einer Forststation, die sich im dichten Eichenwald versteckt.

## DIE WANDERUNG IN KÜRZE

**Anspruch:** +++

**Gehzeit:** 5 Std.

**Länge:** 15 km

**Charakter:** Anstrengend. Anfangs kräftiger Aufstieg, davon die Hälfte weglos entlang einer steilen, felsigen Brandschutzschneise. Ansonsten bequeme Wege; teilweise Schatten.

**Wanderkarte:** Carta topografica d'Italia, 1:50 000, 555 (Iglesias)

**Einkehrmöglichkeit:** Bar/Ristorante Perd 'e Cerbu an der Grotta di San Giovanni

**Anfahrt:** Von Domusnovas, an der SS 130 zwischen Iglesias und Siliqua, der Ausschilderung zur Grotta di San Giovanni folgen. An aufgelassenen Bergwerken vorbei zum Eingang der Höhle; davor Parkplatz.

**Hinweis:** Die Grotta di San Giovanni ist von 9 bis 21 Uhr beleuchtet.

Ausgangspunkt ist der Parkplatz vor der **Grotta di San Giovanni** 1. Eine Straße führt seit Mitte des 19. Jh. durch die 850 m lange Tropfsteinhöhle und kürzt so den weiten Weg über den Bergrücken ab. Wir überqueren den Bachlauf, lassen die Restaurantbar links liegen und folgen der Zufahrt zur Kapelle San Giovanni hinauf, die zwischen alten Olivenbäumen steht. Dahinter gehen wir etwa 75 m geradeaus zwischen den Olivenbäumen hangaufwärts und wenden uns dann direkt vor dem

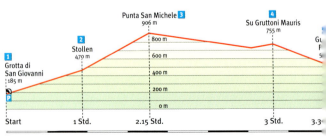

## Von der Grotta di San Giovanni auf die Punta San Michele

*Aufstieg zur Punta San Michele*

Drahtzaun/Metalltor nach rechts. Es geht am Hang, dann im Wald bergauf. An einer Gabelung bleiben wir links auf dem Hauptweg.

Wir gelangen auf einen breiteren Weg und folgen ihm nach rechts weiter bergauf; hin und wieder ist ein rot-weiß-rotes Wegzeichen auf Felsen und Bäumen aufgemalt. Bald laufen wir an einer scharfen Rechtsabzweigung (vor einem Felsblock) vorbei. Der Weg teilt sich wenige Schritte danach: Wir bleiben rechts. Kurz danach halten wir uns an einer Gabelung links auf dem Hauptweg. Nach kurzer Zeit zweigen wir nach links bergauf (links ist ein alter Steinmauerrest an der Böschung zu sehen). Sogleich kommt eine Gabelung (20 Min.): Wir wenden uns schräg nach rechts. Der alte Köhlerweg, heute größtenteils ein schma-

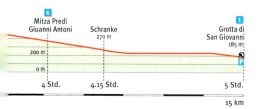

101

# Tour 22

ler, etwas eingewachsener Pfad, steigt die nächste Zeit in Kehren durch die Macchia an.

Wir erreichen schließlich den Anfang einer felsigen, mit niedrigem Gesträuch bewachsenen Brandschutzschneise. Links liegt eine Gebäuderuine; daneben öffnet sich ein **Stollen** 2 (1 Std.). Unten im Tal ist die verfallene Azienda Avicola zu sehen, ein altes Landwirtschaftsgut. Der markierte Weg führt rechts an der Gebäuderiune vorbei und hinter einem Zaun in den Wald hinab. An dieser Stelle verlassen wir ihn und wandern auf der rechten Zaunseite bergauf. Vorsicht: Gleich am Anfang öffnen sich mehrere tiefe Karstschlünde im Boden. Steil kraxeln wir über Stock und Stein die Brandschutzschneise empor, ein querender Weg bleibt unbeachtet.

Nach kräftigem Aufstieg kommen oberhalb von uns die Sendeantennen auf der Punta San Michele in Sicht. Die Brandschutzschneise schwenkt nach links und führt nun direkt zum Gipfel empor. Der Aufstieg wird noch steiler und felsiger, doch schließlich haben wir es geschafft und genießen von der **Punta San Michele** 3 (2.15 Std.) einen großartigen Rundblick, der uns den strapaziösen Aufstieg vergessen lässt. Wir haben den gesamten Südwesten Sardiniens mit den beiden vorgelagerten Inseln Sant'Antioco und San Pietro im Blick. Nach Süden fällt der Blick in den landwirtschaftlich genutzten Cixerrigraben, der die naturräumliche Trennung zwischen Iglesiente und Sulcisgebirge bildet. Am Rande des Cixerri (sprich ›Tschischerri‹) liegt das von großen Bergwerken umgebene Iglesias. Nach Norden schweift der Blick über das unbesiedelte, teils waldige Bergland des Iglesiente.

Auf dem Fahrweg wandern wir nun gemütlich im Wald bergab. Immer geradeaus, vorbei an zwei breiten Linksabzweigungen kurz hintereinander (Wegweiser »Sa Martinedda« und »Colonia Benek/Vecchia Cant. Marganai«), nähern wir uns schließlich einem Eisentor, das den Weg versperrt. Etwa 75 m davor folgen wir schräg rechts dem rot-weiß markierten Waldpfad. Stetig ansteigend (von schräg links kommt ein Pfad hinzu) erreichen wir den kleinen Nebengipfel **Su Gruttoni Mauris** 4 (3 Std.) mit weitem Ausblick nach Norden über den Iglesiente.

In der Flanke des Felsgipfels öffnet sich eine Karstdoline. Der Weg

## Von der Grotta di San Giovanni auf die Punta San Michele

führt von hier über Stufen hinunter und mündet in einen alten Köhlerweg, dem wir in Kehren bergab folgen. Bei einigen Robinien und Feigenbäumen folgen wir dem Pfad um eine scharfe Linkskehre (vorbei an einer Rechtsabzweigung). An einer grünen Eisenschranke gelangen wir auf einen Fahrweg im waldigen Tal des **Gutturu Farris** 5 (3.30 Std.).

Wir biegen nach rechts und gehen an zwei Linksabzweigungen vorbei, die beide zur aufgelassenen Miniera Reigraxius führen. Immer geradeaus wandern wir auf dem Hauptweg bergab. Rechts kommt ein **Brunnen** (3.45 Std.), links das schöne Picknickgebiet **Mitza Predi Giuanni**

**Antoni** 6 (4 Std.).), ebenfalls mit guter Quelle. Hier verlassen wir den Hauptweg in der scharfen Linksbiegung und wandern geradeaus weiter. Schließlich gehen wir durch eine rot-weiße **Eisenschranke** (4.15 Std.), laufen sogleich an einer scharfen Linksabzweigung vorbei und folgen weiter dem Hauptweg.

Nachdem wir links die verfallene Azienda Avicola erblicken, gelangen wir auf eine Straße, der wir geradeaus folgen. Wir erreichen schließlich den Eingang der **Grotta di San Giovanni** und gehen durch die Tropfsteinhöhle hindurch. Am Höhlenausgang erreichen wir wieder den **Parkplatz** 1 (5 Std.).

Tour 23

# Der Gott der Sarden

## Doppelschleife um den Tempio di Antas

Mitten im einsamen Bergland des Iglesiente erhebt sich ein Tempel, der bis heute Rätsel aufgibt. Nicht weit von hier liegt eine wunderschöne Tropfsteinhöhle im waldigen Tal. Eine alte Römerstraße führt zum Tempel zurück, vorbei an den Überresten eines Nuraghendorfes.

### DIE WANDERUNG IN KÜRZE

**+++**
Anspruch

**5.45 Std.**
Gehzeit

**17 km**
Länge

**Charakter:** Anspruchsvoll aufgrund der Länge, aber technisch einfach. Teilweise steiler Aufstieg, jedoch zumeist auf guten Wegen. Etwas Schatten. Auf den weglosen Abschnitt zum Bergwerk sollte bei Nebel oder Wind aus Sicherheitsgründen verzichtet werden.

**Wanderkarten:** Carta topografica d'Italia, 1:50 000, 546 (Guspini) und 555 (Iglesias)

**Einkehrmöglichkeit:** Bar an der Grotta su Mannau; kurz davor Ostello/Ristorante Su Mannau

**Anfahrt:** Von Iglesias auf der SS 126 nach Norden; nach 14,5 km die beschilderte Rechtsabzweigung zum Tempel nehmen. Die Asphaltstraße endet an einem kleinen Parkplatz vor dem eingezäunten Tempelareal.

**Öffnungszeiten: Tempio di Antas:** tgl. 9–18 Uhr; **Grotta su Mannau:** Tel./Fax 07 81 58 01 89

**Hinweis:** Die Tour kann gut in zwei leichte Rundwanderungen aufgeteilt werden: über die Grotta su Mannau zum Tempel (2.45 Std.) und durch das Tal des Rio dello Spirito Santo (3 Std.). Gegenwärtig finden in den Wäldern zwischen Tempel und Grotte Forstarbeiten statt, der Routenverlauf könnte unklar sein.

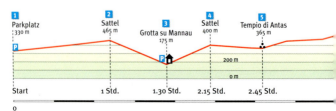

104

## Doppelschleife um den Tempio di Antas

Vom **Parkplatz** [1] begeben wir uns zunächst in die eingezäunte Anlage des Tempio di Antas. Wir gehen an der Biglietteria vorbei (man kann jetzt oder später für den Besuch des Tempels bezahlen) und wenige Schritte danach links den Weg hinauf (Schild »Antica Strada romana Antas – Su Mannau«). Wir durchschreiten ein Holztörchen und gehen geradeaus weiter hangaufwärts. Alsbald erblicken wir rechts den Tempel von Antas frei in der Landschaft. Weitaus älter noch als dieses Bauwerk der Antike sind jedoch die Grundmauern von Rundbauten, die am linken Wegesrand liegen. So unscheinbar diese Mauerzüge auch erscheinen, es sind die Überreste eines vorgeschichtlichen Nuraghendorfes.

An der höchsten Stelle auf der Anhöhe, wo der Feldweg wieder bergab führt, biegen wir rechts auf einen Pfad und folgen ihm hangparallel. Am Ende des Wiesenhangs gelangen wir durch ein Weidegatter in die Macchia. Der Pfad verläuft hangparallel und führt bald durch Rosmarin, im Frühjahr ein blaues Farbenmeer.

Wir erreichen ein eingezäuntes Gelände und gehen nach rechts ansteigend am Maschendrahtzaun entlang, bis wir auf einer kleinen Verflachung (der Pfeil nach rechts bleibt hier unbeachtet) auf einen Feldweg vor einem anderen Drahtzaun stoßen. Diesem Weg folgen wir nach rechts und lassen nun die Einzäunung hinter uns. Ziemlich geradewegs geht es durch die Gegend **Sa Struvina,** was soviel wie ›Macchia‹ bedeutet. An einer deutlichen **Gabelung** (30 Min.) folgen wir dem Hauptweg nach links bergab. Wir kommen durch eine leichte Senke, steigen wieder an, unterqueren eine Stromleitung und wandern erneut bergab. In der Niederung stoßen wir auf einen Querweg: Wir gehen nach rechts bergauf und alsbald an einem links ansteigenden Pfad vorbei. Ein steiler Aufstieg im Wald führt uns zu einem **Sattel** [2] (1 Std.) zwischen dem Monte Medau Matzei und der Punta Su Mannau. Wir gehen wieder unter der Stromleitung hindurch und wandern danach bergab.

An der tiefsten Stelle des Weges, unmittelbar bevor ein neuer Anstieg beginnt, biegen wir in einem gerölligen Hangbereich rechts auf einen schmalen Seitenweg ab. Dieser alte, mit Steinen angelegte Köhlerweg führt in Kehren den waldigen Hang hinab. Es geht stetig hangabwärts, vorbei an allen Abzweigungen. Schließlich lichtet sich der Wald. Drei Picknicktische unter schattigen Bäumen verlocken zur Rast.

Bei einem großen Haus (Ostello/Ristorante) gelangen wir auf die Talstraße und kommen nach rechts zum nahen Parkplatz an der **Grotta su Mannau** [3] (1.30 Std.). Rechts am Hang stehen Picknicktische und

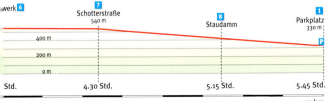

105

# Tour 23

Trinkbrunnen unter Bäumen; im Besucherzentrum sind Erfrischungen erhältlich.

Wir gehen geradeaus auf dem Weg am Stromhäuschen vorbei und biegen an der Gabelung (etwa 150 m nach dem Parkplatz) nach rechts. Nun befinden wir uns auf einer alten Römerstraße, die einst von Fluminimaggiore über den vor uns liegenden Bergrücken nach Antas führte. Auf der rechten Seite verläuft vorläufig ein Steinmäuerchen. Bald halten wir uns an einer Gabelung rechts. Der Aufstieg wird nun zunehmend steiler. Kurz danach gabelt sich der Weg erneut; wiederum halten wir uns rechts. Nach weiterem Aufstieg kommt eine Wegverzweigung, an der wir im Rechts-Links-Schwenk weiter bergauf wandern; der rechts abzweigende Seitenweg bleibt unbeachtet. Ein bemoostes Steinmäuerchen begleitet uns zur Linken. Im Unterschied zu den neuzeitlichen Köhlerwegen, die an den Hängen in kunstvollen Kehren verlaufen, wurden die Straßen in der Römerzeit unter rein militärstrategischen Gesichtspunkten angelegt; rasche Truppenbewegung auf dem kürzesten Wege hatte oberste Priorität. Geradlinig führt die alte Römerstraße daher steil den Hang hinauf. Das Steinmäuerchen wechselt auf die rechte Wegseite und biegt schließlich nach rechts ab, während wir auf einem Pfad im Buschwald weiter aufsteigen. Wir haben an dieser Stelle die alte, völlig zugewachsene Römerstraße vorübergehend verlassen, erreichen jedoch schon bald einen Hohlweg, der in den Fels gehauen wurde. Von den eisenbeschlagenen Wagenrädern der römischen Karren, die hier einst quer durchs Gebirge rollten, sind stellenweise noch die Spurrillen erkennbar.

Der Weg führt weiter bergauf, bis sich das Gelände auf dem **Sattel** 4 (2.15 Std.) zwischen der Punta 'e su Gallesu und der Punta su Mannau verflacht. Auf beiden Seiten zweigt hier ein Pfad ab. Ein kurzer Abstecher nach rechts führt rasch zu einer Gabelung, an der man links zu einem Picknicktisch unter einer mächtigen Steineiche, rechts hingegen zu einer Schutzhütte gelangt.

Wir wandern auf dem Hauptweg weiter. Vorübergehend verläuft ein Parallelweg (unser Hinweg!) wenige

## Doppelschleife um den Tempio di Antas

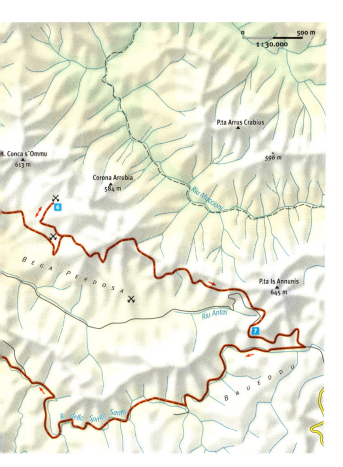

Meter zur Rechten. Dieser Feldweg entfernt sich schließlich nach rechts, während wir links auf dem unscheinbaren Fußweg bleiben, den wir ursprünglich gekommen sind, und am Maschendrahtzaun entlang in das Tälchen hinabwandern. Nun folgen wir unserem Weg zurück: Wir gehen stets am Zaun entlang, bis er nach rechts knickt, und verlassen ihn etwa 80 m danach, wo er erneut nach rechts schwenkt. Hier gehen wir schräg links den Pfad hinauf. Am Hang entlang wandern wir wieder durch Rosmarin, gehen dann kurz hangparallel an einem Drahtzaun entlang und durch den Durchlass weiter am Hang entlang auf den rostigen Strommast zu. Wir gelangen wieder auf den Weg, der unterhalb des Strommastes vorbeiführt.

Kurz danach kommen wir erneut durch das Holzgatter in die eingezäunte Anlage des Tempels; im Besucherzentrum sind Eintrittskarten und Erfrischungen erhältlich. Nach links gelangen wir zum **Tempio di Antas** 5 (2.45 Std.). Dahinter gehen wir durch das Holzgatter und folgen dem Weg am Maschendrahtzaun entlang in Richtung des untersten von drei Hochspannungsmasten am gegenüberliegenden Berghang. In einem Tälchen mit Birnbäumen und Wasserrohren wird die Route undeutlich. Wir gehen durch das künstlich bewässerte Feld und laufen hangaufwärts; dabei peilen wir nun den zweitobersten Hochspannungsmast an. Dann lassen wir das bewirtschaftete Tälchen hinter uns und wandern im Wald empor. Sehr bald kommt eine Köhlerterrasse am rechten Wegesrand. Nicht lange danach biegen wir vom Hauptweg links ab (Pfeil) und gelangen zu einem **Steinbruch** (3 Std.) aus der Römerzeit, den *cave romane*. Hier wurde der Stein für den Tempelbau gebrochen.

Wir gehen zum Hauptweg zurück und wandern weiter bergauf. Der Weg biegt sogleich bei einer kleinen Ruine nach rechts und steigt, nun etwas zugewachsen, am Hang an. Diese ehemalige Lorentrasse wurde einst für den Abtransport von Erz angelegt. Unten im Tal liegt der Tempel von Antas. Wir kommen an einem erodierten Hangbereich vorbei, wo ein **Stollen** (3.30 Std.) in den Berg führt; der rostrote Abraum verweist auf Eisenerz. Bald biegt der Weg nach links und führt in den Wald. Wir stoßen auf einen Querweg und gehen zunächst nach links; die Wanderung wird sich an dieser Stelle später nach rechts fortsetzen.

Mit großartiger Aussicht auf das Bergland des Iglesiente verläuft der Weg (eine weitere Lorentrasse) am Hang entlang, bis er sich verläuft. Wir befinden uns an einem alten, vor langer Zeit aufgelassenen **Bergwerk** 6 (3.45 Std.). Aus Sicherheitsgründen (Absturzgefahr) sollte der Weg nicht verlassen und der verkarstete

Hangbereich mit seinen teilweise eingezäunten Karstschlünden nicht betreten werden.

Wir gehen auf demselben Weg zurück und wandern an der Rechtsabzweigung vorbei, von wo wir gekommen sind. Der Höhenweg verläuft fast ebenerdig auf einem Bergrücken. Gemütlich ziehen wir immer geradeaus dahin, gehen an einer Rechtsabzweigung mit Eisentor/Zaun vorbei und lassen die wenigen seitlich abgehenden Pfade (zumeist abgezäunt) unbeachtet. Im Osten erhebt sich das unbewaldete Massiv des Monte Linas; rechts öffnet sich das Tal des Riu Antas. Eine große Abraumhalde rechts im Tal zeugt von einer ehemaligen Eisenmine. Wir durchqueren schließlich ein Drahttor, kommen dahinter auf die durchs Antastal herüberführende **Schotterstraße** 7 (4.30 Std.) und gehen nach links weiter.

10 Min. später biegen wir scharf rechts auf einen Fahrweg ab (Schild »Baueddu«), der an einem Gehöft vorbeiführt und dann im abgeschiedenen Tal des **Riu dello Spirito Santo** verläuft. Wir bleiben stets auf dem Talweg und wandern stetig bergab, vorbei an einem **Staudamm** 8 (5.15 Std.), bis wir auf die Zufahrtsstraße zum Tempio di Antas stoßen. 200 m nach rechts liegt der **Parkplatz** 1 (5.45 Std.).

## Der Gott der Sarden

Auf den ersten Blick ist der Tempel von Antas ganz im klassischen Stil erbaut: eine Vorhalle mit Säulen, die auf attischen Basen ruhen und von ionischen Kapitellen gekrönt sind, daran anschließend der große Mittelraum (Cella) und dahinter das Allerheiligste. Bei genauerer Betrach-

## Doppelschleife um den Tempio di Antas

*Tempio di Antas*

tung offenbaren sich jedoch Besonderheiten, die auf eine punisch beeinflusste Bauweise hindeuten. So ist der Tempel nach Nordwesten ausgerichtet und nicht, wie bei römischen Tempeln üblich, nach Osten. Das Allerheiligste ist nach punischem Vorbild in zwei getrennte Räume mit separaten Eingängen aufgeteilt, die man nur durch in den Boden eingelassene Reinigungsbecken betreten kann. Die rituelle Reinigung entsprach einer punischen Sitte. Typisch punisch sind auch die beiden seitlichen Zugänge zur Cella, die sich an klassischen Tempeln nur selten finden. Grabungen brachten tatsächlich die Grundmauern eines Vorgängerbaus aus punischer Zeit zum Vorschein, der um 500 v. Chr. erbaut wurde. Die Römer ließen diesen Tempel später bis auf die Grundmauern einebnen und durch eine große Freitreppe überdecken. Das eingezäunte Tempelareal aus punischer Zeit liegt direkt vor dem römischen Bauwerk.

Die leidlich erhaltene Inschrift im Giebelfeld verrät, wem der unter Kaiser Caracalla (211–217 n. Chr.) neu erbaute Tempel geweiht war: dem Sardus Pater Bab[ay]. Dieser römische ›Gott der Sarden‹ hatte den Beinamen Babay, ein Name, der auch in punischen Votivinschriften auftaucht, die in großer Zahl gefunden wurden. Der Vorgängerbau war nämlich dem punischen Jagdgott Sid Addir Babay geweiht. Sid wird als ›Mächtiger‹ (Addir) bezeichnet und erscheint, wie der römische Gott der Sarden, in Verbindung mit der Gottheit Babay. Sowohl die baulichen Besonderheiten als auch die Identität des punischen Sid mit dem römischen Sardus Pater lassen auf eine Kontinuität religiöser Vorstellungen schließen. Diese personelle Verbindung wird noch erhärtet durch Abbildungen des Sardus Pater auf römischen Münzen, die ihn wie punische Götterdarstellungen mit Federkrone zeigen. Rätselhaft bleibt allerdings die vorpunische Gottheit Babay. Vermutlich handelt es sich hierbei um den höchsten Gott der Nuragher, dessen Name sich vielleicht mit ›Vater‹ übersetzen lässt. Diese Gottheit verglichen die Punier dann mit ihrem Gott Sid und setzen den Kult fort, ebenso wie später die Römer mit ihrem Sardus Pater.

Tour 24

# Schilfrohr-Fluss, Bienenschlucht

## Durch den Staatsforst Montimannu auf die Punta Piscina Irgas

Munter strömen kleine Flussläufe durch grüne Auen, knorrige Bäume beugen sich übers Ufer. Vom höchsten Punkt des waldreichen Berglandes bietet sich ein herrlicher Rundblick. Spektakulär stürzt der höchste Wasserfall Sardiniens eine Felsschlucht herab.

### DIE WANDERUNG IN KÜRZE

**++** Anspruch

**4.15 Std.** Gehzeit

**11 km** Länge

**Charakter:** Mittelschwer. Zumeist gute Wege und deutliche Pfade (teils mit roten Zeichen und Steinmännchen markiert), aber auch ein wegloses Stück durch Macchia und über felsiges Gelände, das etwas Orientierungssinn erfordert. Mehrmals müssen Flüsschen auf Steinen überquert werden, was unmittelbar nach Regen schwierig sein kann.

**Wanderkarte:** Carta topografica d'Italia, 1:50 000, 547 (Villacidro)

**Einkehrmöglichkeit:** Keine; am Ausgangspunkt gibt es einen Trinkbrunnen.

**Anfahrt:** Von Süden auf der SS 196 kommend die erste Abfahrt nach Villacidro nehmen. Kurz nach der Ortseinfahrt an einer größeren Straßenkreuzung links in Richtung »Monti Mannu, Diga, S. Sisinnio, San Giuseppe« (hier Km-Zähler auf Null setzen). Nach 1,9 km nimmt man an einer breiten Kreuzung die beschilderte Rechtsabzweigung zum Stausee (»Diga sul Rio Leni«). Die Straße schlängelt sich oberhalb des Stausees entlang. An der Gabelung hinter einer Brücke über einen Seitenarm (6,5 km) links weiter. Kurz hinter der Brücke über den Hauptzulauf (Torrente Leni; 10,3 km) an der Gabelung rechts auf der Schotterstraße weiter und an der Forststation vorbei (12,8 km). Auf der rechten Seite kommt die Baumschule der Forstbehörde (14,8 km); hier am linken Wegesrand parken. Achtung, Fahrbahn nicht blockieren!

Von der **Baumschule**  gehen wir geradeaus auf dem Fahrweg durch die mit Eukalyptus bestandene Talaue des Torrente Leni weiter. Nach gut 10 Min. wandern wir an einem Weg vorbei, der rechts zu einer Hirtenstallung ansteigt (Cantina Ferraris), und bleiben in der Flussniederung. Am rechten Wegesrand kommt ein Betonfundament mit Gul-

## Durch den Staatsforst Montimannu auf die Punta Piscina Irgas

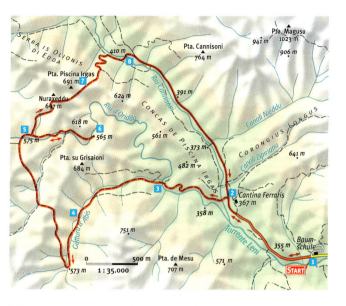

lydeckel (eingraviert: »Acquadotto di Vilacidro ESAS«). Nun gelangen wir in eine offene **Niederung** 2 (15 Min.) und biegen bei einem frei stehenden Olivenbaum (rechts hinten am Hang ist von hier aus die Hirtenstallung sichtbar) nach links. Bei einem wackligen Steg überqueren wir den **Riu Cannisoni** (›Schilfrohr-Fluss‹).

Dahinter schlängelt sich der Weg durch die Macchia. Bald erblicken wir eine gewaltige Korkeiche, die sich mit knorrigem Geäst über den **Riu d'Oridda** beugt. Unser Weg führt im Rechts-Links-Schwenk kräftig im Wald empor und dann wieder zum **Flüsschen** 3 hinab (40 Min.). Aufgepasst: Sobald sich der Weg dem Flüsschen nähert, achten wir auf einen großen Felsbrocken am Flussufer, aus dem einige Eisenstangen herausragen. An dieser Stelle führte einst ein Holzsteg über die Oridda; etwa 50 m davor (flussabwärts) müssen wir in diesem Bereich nach einer geeigneten Stelle (Steinmännchen) zur Flussüberquerung suchen. Auf der anderen Seite steigt ein alter, steiniger Köhlerweg im Wald an (rot-weißer Farbstreifen auf Felsen). Er verläuft oberhalb eines Tälchens, das rechts liegt, und verschmälert sich allmählich zum Pfad.

Der Pfad verläuft stetig hangaufwärts und führt auf die rechte Seite des zumeist ausgetrockneten Bachbetts. Dann steigt er in der offenen Aue an und wechselt wieder auf die linke Talseite. Schließlich erblicken wir rechts eine Abraumhalde, sodann einen Stolleneingang. Danach wird unser Weg breiter, um sich schließlich mit einem anderen Weg zu vereinen (1 Std.). Wir wandern geradeaus weiter und kommen gemächlich ansteigend durch den **Gutturu is Abis** 4, die ›Bienenschlucht‹. Gegenüber erheben sich die rötlichen Felswände der Punta Magusu (1023 m). Über einen flachen Sattel hinweg gelangen wir in eine Niederung hinab, wo wir uns

# Tour 24

an der Gabelung rechts halten. Zunächst verläuft der Weg ohne große Höhenunterschiede, dann bergab. Im Frühjahr erwartet uns ein weißes Blütenmeer aus Affodill und Montpellier-Zistrosen, das sich in der offenen Flussniederung des Riu d'Oridda erstreckt. Wir biegen hier an der Gabelung rechts auf den Seitenweg und wandern flussabwärts. Bald führt uns der Weg auf die **linke Flussseite** 5 (1.45 Std.). Aufgepasst: Nach etwa 75 m steigt links ein Weg in der Macchia an, den wir später nehmen werden. Zunächst jedoch gehen wir geradeaus in der Aue weiter, um einen Abstecher zum Beginn der felsigen Oridda-Schlucht zu machen. Bald verlassen wir den Weg und folgen den Fahrspuren wieder auf die rechte Flussseite, ehe sie uns erneut auf die linke Seite zurückführen. Auf Pfaden kommen wir durch ein Wäldchen mit Lagerfeuerplätzchen, ehe wir abermals das Flussufer erreichen.

Unvermittelt beginnt hier die **Felsschlucht der Oridda** 6 (2 Std.). Der Fluss verlässt an dieser Stelle die flache Auenlandschaft und hat sich seinen Weg durch einen mächtigen Granitstock gebahnt. Eine Durchquerung der steilen Oridda-Schlucht mit ihren Gumpen und Wasserfällen wäre ohne alpinistisches Gerät unmöglich, und so lassen wir es beim Anblick bewenden. Für eine erste Rast ist dieses herrliche Fleckchen allerdings wie geschaffen. Dann gehen wir flussaufwärts zurück bis zur Abzweigung des Weges, der rechts am Hang zwischen Gestrüuch ansteigt. Er schwenkt bald nach links und verflacht sich kurz, ehe er zu einer breiten Weggabelung ansteigt.

Rechts ist von hier aus der markante Felsgipfel Nuraxeddu sichtbar, über dessen höchste Stelle ein Drahtzaun hinwegführt. Wir wenden uns nach rechts und folgen dem Weg, der ansteigend direkt auf den Nuraxeddu zuführt. Die Wegspuren beschreiben einen Rechts-Links-Schwenk und nähern sich dem Drahtzaun. Wir durchqueren ihn an einem Durchschlupf (Lücke), lassen den Nuraxeddu links liegen und wandern weglos durch die niedrige Macchia in Richtung des höchsten Berges (Punta Magusu), der sich vor uns in der Ferne (in Ostnordostrichtung) erhebt. Steinmännchen und andere verblasste Wegzeichen helfen auf diesem weglosen Abschnitt bei der Orientierung; am wichtigsten ist es, stets den Berg im Visier zu behalten.

Sogleich erblicken wir vor uns einen weiteren Felsgipfel – die **Punta Piscina Irgas** 7 (2.45 Std.). Wir gelangen binnen weniger Minuten, etwa unsere Höhe haltend, auf seine rechte Flanke. Rechts fällt der Blick in die Oridda-Schlucht mit ihrem großen, 45 m hohen Wasserfall. Man kann bis zum Gipfel aufsteigen, um

112

## Durch den Staatsforst Montimannu auf die Punta Piscina Irgas

*In der Talaue des Torrente Leni*

den großartigen Ausblick in alle Richtungen zu genießen.

Anschließend geht es wieder herab und weiter in Richtung der Punta Magusu (nach Ostnordost). Auf unscheinbaren Pfaden wandern wir geradeaus auf einem felsigen Rücken bergab; Steinmännchen und verblasste Markierungen helfen erneut bei der Orientierung. Auf einer erdigen Verflachung (Lagerfeuer und Sitzsteine), verzweigen sich mehrere Pfade. Hier steigen wir auf dem linken Weg ab; er verläuft stufig angelegt und in Kehren im Wald hinunter. Beim Abstieg passieren wir mehrere Köhlerterrassen.

Unten im Tal gehen wir am **Riu Cannisoni** 8 (3.15 Std.) entlang nach rechts flussabwärts und überqueren das Flussbett auf einem Steg. Auf der linken Flussseite wandern wir zwischen Bäumen weiter bergab. Der Weg verbreitert sich allmählich und führt an einem eingezäunten Wasserwerk vorbei, ehe wir wieder in die offene **Niederung** 2 (4 Std.) unterhalb der Cantina Ferraris kommen. Nun folgen wir dem Hinweg durch die Talaue des Torrente Leni zu unserem Ausgangspunkt an der **Baumschule** 1 (4.15 Std.) zurück.

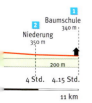

113

# Tour 25

# Am Brennholz-Berg

## Aufstieg zur Punta Cammedda

Von einem ehemaligen Bergwerk in einem waldigen Tal geht es ins Gebirge. Auf einem Forstweg und einem alten Hirtenpfad steigen wir zu einem windigen Pass empor, ehe wir auf einem Bergkamm weiterwandern. Ringsum breitet sich unwegsames Bergland aus.

### DIE WANDERUNG IN KÜRZE

**Anspruch:** +++

**Gehzeit:** 4.30 Std.

**Länge:** 13 km

**Charakter:** Bequemer Aufstieg auf einem Forstweg, dann einem Hirtenpfad; Die Route bis zur Genna Eidadi ist mit dem rot-weißroten Wegzeichen Nr. 105 markiert. Danach verläuft sie weglos auf einem felsigen Bergkamm; nur für erfahrene Bergwanderer mit gutem Orientierungssinn und nur bei guter Sicht! Man kann auch von der Genna Eidadi auf demselben Weg zurückkehren (3.30 Std. Gehzeit).

**Wanderkarte:** Carta topografica d'Italia, 1:50 000, 546 (Guspini)

**Einkehrmöglichkeit:** Keine

**Anfahrt:** Auf der SS 196 nach Gonnosfanadiga. Hier von der Durchgangsstraße die u. a. »Centro, comune, parco comunale« beschilderte Abzweigung in die Ortsmitte nehmen. Nach knapp 500 m an der zentralen Straßenverzwegung schräg nach links biegen (u. a. Cagliari ausgeschildert). Nach weiteren 500 m überquert man die Brücke über den Riu Piras und biegt dahinter an der Straßenkreuzung nach rechts. Nach knapp 5 km auf dieser Straße kommt links ein großer Parkplatz.

Am **Parkplatz** 1 setzt sich die Straße gepflastert fort und steigt zwischen den halb verfallenen Gebäuden des ehemaligen Molybdän-

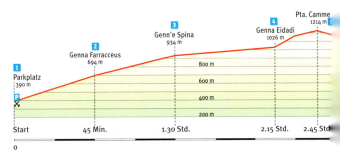

114

### Aufstieg zur Punta Cammedda

bergwerkes an. Die Gemeinde Gonnosfanadiga ließ das Bergbaugelände in ein kleines Freizeitgelände umgestalten; Picknicktische und Bänke stehen unter Bäumen. Die Gegend, der Flüsschen und Park ihren Namen verdanken, heißt **Sa Perda 'e Pibera** – ›der Vipernstein‹.

Der Fahrweg führt im Tal durch dichten Steineichenwald bergauf. An einer Weggabelung (20 Min.) gehen wir rechts durch ein grünes Eisengittertor weiter. Stetig ansteigend erreichen wir die **Genna Farracceus** 2 (45 Min.). An diesem Pass stehen ein Wegweiser für Wanderer und ein überdachter Picknicktisch. Bald bietet sich ein erster Ausblick. Zwischen hohen Bergkämmen öffnet sich im Südosten das waldige Tal des Gutturu Derettu; im Osten erhebt sich die Felswand der Punte di San Miali. Nach weiterem Anstieg erreichen wir die **Genn'e Spina** 3 (1.30 Std.), an der ebenfalls ein Picknicktisch steht. Rechts lohnt ein kurzer Abstecher zum Feuerbeobachtungsposten auf der Anhöhe, der aus einem kleinen Gebäude und einem Metallturm besteht. Von dort bietet sich ein schöner Ausblick nach Norden.

Wir wandern weiter bergauf und passieren sogleich zwei Betonwasserbehälter beiderseits des Weges. Bald gehen wir an einer Rechtsabzweigung vorbei und wandern gera-

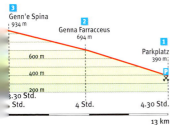

**Tour 25**

*Blick von der Genn'e Spina nach Norden zum Monte Linas*

deaus am Unterhang der Punta Conca de sa Rutta (›Sturzkopf-Gipfel‹) entlang, einer Anhöhe des Monte Linas. Der Fahrweg endet schließlich. An einem Drahtzaun entlang folgen wir einem alten, teils mit Steinen befestigten Hirtenpfad, der am felsigen Hang verläuft. Linker Hand (im Süden) erstreckt sich das waldige Tal des Riu Genna Eidadi; ein Teil des Stausees von Villacidro kommt in Sicht. Wir wandern teils über Granitfelsen; in den blühenden Bergwiesen ist im Frühjahr die Pankrazlilie zu sehen.

Schließlich erreichen wir die **Genna Eidadi** 4 (2.15 Std.). Von diesem Pass bietet sich ein eindrucksvoller Rundblick. Im Nordwesten erhebt sich die Punta Perda de sa Mesa, höchster Gipfel des Monte Linas. Der einstige Waldreichtum dieses Gebirges wird durch seinen Namen bezeugt: Monte Linas bedeutet ›Brennholz-Berg‹. Vom Pass steigen wir weglos nach rechts (Norden) an einem alten, verfallenen Weidezaun entlang den Hang bis zur höchsten sichtbaren Erhebung empor.

Dort wenden wir uns nach rechts (Nordosten) und wandern am Kamm entlang zur **Punta Cammedda** 5 (2.45 Std.), die von einem Gipfelkreuz gekrönt ist. Hier bietet sich ein grandioser Blick in die umliegenden, tief eingeschnittenen Täler und über den waldreichen Iglesiente.

Wir wandern weiter nach Nordosten am Kamm entlang (vor vielen Jahren als Wanderroute 104 markiert, aber die Wegzeichen sind verblasst). Dann umgehen wir die **Conca de sa Rutta,** einen steilen Felsgipfel, auf deren linker Seite, und steigen vorsichtig über Felsen zu einem Sattel hinab, von wo ein Weidezaun bergab führt. Schräg rechts, etwas hangabwärts, ist ein überdachter Unterstand (offene Schutzhütte) erkennbar, unser nächstes Ziel. Vom Sattel gehen wir zunächst etwas bergab, queren den heruntergedrückten Weidezaun und wandern hangparallel weiter (Steinmännchen). Wir gelangen alsbald in Eichenwald und finden hier Pfade, die schräg nach rechts zur **Schutzhütte** 6 (3.15 Std.) hinabführen.

Hier beginnt ein Fahrweg, der uns bergab zu unserem Hinweg zurückführt. Nach links erreichen wir wieder die **Genn'e Spina** 3 (3.30 Std.) und wandern auf demselben Weg zum **Parkplatz** 1 (4.30 Std.) zurück.

# Tour 26

# Kreuzweg auf den heiligen Berg

### Rundwanderung zum Monte Arcuentu

Vulkanismus hat die nördlichen Ausläufer des Iglesiente geprägt. Die wenigen Gehöfte liegen weit verstreut zwischen Viehweiden in der Macchia. Mit markantem Profil erhebt sich der Monte Arcuentu als höchster Gipfel einer 8 km langen Vulkankette. Weltabgewandt verbirgt sich im dichten Wald eine Einsiedlerklause.

## DIE WANDERUNG IN KÜRZE

**+++** Anspruch

**3.30 Std.** Gehzeit

**9 km** Länge

**Charakter:** Anspruchsvoll. Wege und Pfade durch Macchia, stellenweise auch weglos. Der Aufstieg zum Gipfel ist steil und felsig. Gute Sicht und Orientierungsvermögen erforderlich. Zurück entlang einer wenig befahrenen Landstraße. (So/Fei Ausflugsverkehr zur Costa Verde).

**Wanderkarten:** Carta topografica d'Italia, 1:50 000, 538 (Terralba), 546 (Guspini)

**Einkehrmöglichkeit:** Keine

**Anfahrt:** Von Montevecchio 4,2 km in Richtung Costa Verde, bis kurz vor einer Talbiegung (Brücke über den Canali Canna) schräg rechts ein Weg abzweigt. **Achtung:** Der Weg darf nicht durch Fahrzeuge blockiert werden! Beste Parkmöglichkeit am linken Straßenrand kurz vor der Brücke. Zur besseren Orientierung: 100 m vor dem Weg zweigt – auch rechts – bei einem kleinen Betonkasten mit zwei Metalltürchen ein anderer Weg ab.

Von der **Straße** 1 gehen wir den schräg abzweigenden Weg hinauf. Bald kommt von rechts ein Weg hinzu: Wir wandern weiter bergauf. Linker Hand ist bald ein altes Steinhäuschen (Casa Prunas) am Hang zu sehen; dahinter erhebt sich im Hintergrund der Monte Arcuentu. Nach weiterem Anstieg kommt links des Weges ein großes Stallgebäude neben einem Steinhaus, gefolgt von zwei alten, mit einer Mauer eingefriedeten Steinhäuschen – die **Casa Lampis** 2 (der Bauer freut sich über einen Gruß!). Gleich darauf verlassen wir an einer Gabelung den Hauptweg, der nach rechts ansteigt, und gehen links einen Weg hinab, der alsbald über einen Bachlauf führt. Er steigt dann leicht an und gabelt sich nach 60 m: wir folgen dem Weg (Fahrspuren) nach rechts bergauf durch offenes Gelände. Schließlich verlaufen sich die Fahrspuren und wir gehen auf einem steinigen Pfad durch die dichte Macchia weiter bergauf.

Immer auf der rechten Hangseite steuern wir den vor uns liegenden markanten Sattel an, der zwischen dem Monte Arcuentu im Westen und dem Monte Maiori im Osten liegt. Auf der **Genna Flore** 3 (45 Min.) erwar-

117

# Tour 26

*Ein kräftiger Anstieg führt zum Monte Arcuentu empor*

tet uns ein grandioser Blick über das Medaustal nach Norden bis in den Campidano und hinüber zum Monte Arci. Am Sattel steigen wir über den Weidezaun, wenden uns nach links und wandern nun auf dem ansteigenden Bergkamm. Teils auf Pfaden, teils weglos geht es stetig am Weidezaun entlang bergauf – genau am Grat oder etwas unterhalb davon. Rechts unten an den Hängen sind sogenannte Dykes zu sehen, die an alte Mauerzüge erinnern, jedoch vulkanischen Ursprungs sind. Direkt am Fuße der **Felsschrofen** des Monte Arcuentu (1.30 Std.) queren wir den Weidezaun nach links und gehen hangparallel auf einem Pfad unterhalb der Felswände weiter.

Im Uhrzeigersinn wandern wir auf einem Hangsims um den Berg. Die Costa Verde mit ihren beeindruckenden Dünen *(piscinas)* und ihrem grünen Hinterland rückt in unser Blickfeld. Schließlich erreichen wir an einer kleinen Verflachung den Kreuzweg mit seinen Bronzetafeln. Der Weg führt nach rechts bergauf und ist mit gelben Pfeilen markiert. Vor Kreuzwegstation VI steigen wir links über Felsstufen empor – nicht die rechte Felsspalte nehmen! Der Pfad führt steil bergauf, bis wir das mit einem Wäldchen bedeckte Gip-

## Rundwanderung zum Monte Arcuentu

felplateau erreichen. An einem Kruzifix vorbei kommen wir an eine kleine Andachtsstätte, verschiedene Steinhäuschen und Grundmauern älterer Gebäude, die sich zwischen den Bäumen verstecken. Etwas weiter auf dem offenen Plateau steht das Gipfelkreuz des **Monte Arcuentu** 4 (2 Std.). Ob der Berg nach Herkules (sard. Ercuentu) benannt ist oder vielmehr ›Windbogen‹ (sard. *arcu'e [b]entu*) bedeutet, bleibt ungewiss. Grandios ist der Rundblick: im Westen die Costa Verde, im Norden der Golf von Oristano, landeinwärts die Tiefebene des Campidano und dahinter die Berge im Osten.

Nach verdienter Rast steigen wir wieder steil auf dem Pilgerweg ab und erreichen erneut die kleine Verflachung, an der wir auf dem Hinweg von links gekommen sind. Der Verlauf unserer Abstiegsroute auf dem Bergrücken, der nach Südwesten in Richtung der Kuppe Bruncu Mola führt, ist von hier aus gut zu überschauen. Teilweise recht steil wandern wir auf dem Kreuzweg weiter hangabwärts; Bronzetafeln markieren die Stationen. Bei der ersten Kreuzwegstation beginnt eine Steinmauer auf dem Bergrücken, der wir nun folgen. Es geht immer geradeaus an der Mauer bzw. dem Dyke entlang. Nach etwa 10 Min. durchschreiten wir einen Durchlass im Weidezaun (Holzschild »Arcuentu 30 Min.«). Hier beginnen Fahrspuren, denen wir – auf dem Bergrücken weiter bergab gehend – unweit eines verfallenen Weidezauns folgen. Die Fahrspuren entfernen sich nach rechts von der Zaunlinie und nähern sich ihr wieder. Wir kommen zu einem **Picknicktisch** 5 mit Brunnen (2.45 Std.) und wandern auf dem steinigen Weg weiter. Schließlich durchqueren wir ein Weidegatter nahe einem größeren Stallgebäude, gehen rechts durch das Eisengittertor und laufen den asphaltierten Weg an einem Haus vorbei zur nahen **Straße** 6 (3 Std.) hinab. Nun gehen wir nach links entlang der wenig befahrenen Straße bis zum **Parkplatz** 1 (3.30 Std.) zurück.

119

# Tour 27

# Wildpferde auf dem Tafelberg

## La Giara di Gesturi

Eine weite Hochebene, windgebeugte Korkeichen und weiß blühende Zistrosen, rassige Wildpferde, die frei umherstreifen; einsame Seen mit blühendem Pflanzenflor, merkwürdige Steinbauten der Vorzeit und ein erloschener Vulkan – Impressionen, die mitunter an afrikanische Savannenlandschaften denken lassen.

### DIE WANDERUNG IN KÜRZE

**Anspruch:** +

**Gehzeit:** 2.45 Std.

**Länge:** 9 km

**Charakter:** Bequem. Breite Wege und undeutliche Pfade auf einer Hochfläche. Ab dem Crabili becciu (Wegpunkt 5) ist jedoch sehr guter Orientierungssinn erforderlich; ansonsten sollte man von hier besser auf demselben Weg zurückgehen (2.15 Std.). Nach starken Regenfällen sind die Wege schlammig und nur mit Gummistiefeln begehbar. Da es auf der Hochfläche kaum markante Orientierungspunkte gibt und man sich leicht verlaufen kann, sollte die beschriebene Route nicht verlassen werden.

**Wanderkarte:** Carta topografica d'Italia, 1:50 000, 539 (Mogoro)

**Einkehrmöglichkeit:** Keine

**Anfahrt:** nach Tuili, westlich von Barumini (SS 197) gelegen. Am östlichen Ortseingang rechts (Via IV Novembre) der Ausschilderung »Altopiano della Giara« folgen. Zunächst geradeaus an Abzweigungen vorbei, dann an einer Straßenverzweigung rechts. Am Ortsrand hinter der Brücke hält man sich an der Gabelung rechts. Das Sträßchen schlängelt sich hangaufwärts und endet an einem Parkplatz (ab Brücke 5,5 km).

Vom **Parkplatz** 1 gehen wir geradeaus durch das Tor auf dem Hauptweg weiter und erreichen sogleich eine Gabelung. Nach links führt ein kurzer Abstecher (Wegweiser) zur **Chiesetta Santa Luisa,** die neben ei-

# La Giara di Gesturi

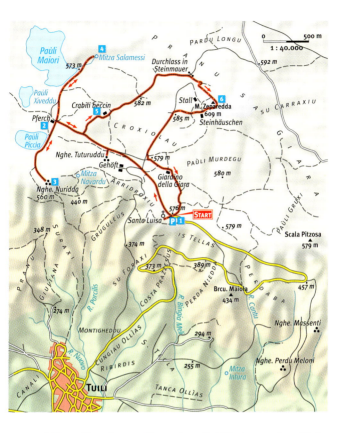

nem verfallenen Nuraghen am Abbruchrand der Hochebene steht.

Weit schweift der Blick über die sanft gestufte Landschaft der Marmilla (wörtlich ›Brust‹) mit ihren Kornfeldern und verstreuten Bauerndörfern. In mittlerer Entfernung ist der Kegelberg bei Las Plassas erkennbar, der einst von einer Grenzfeste der Richter von Arborea gekrönt war und der Gegend ihren Namen gegeben hat. Im Gesträuch um die Kapelle herum liegen die Grundmauern einer punisch-römischen Siedlung. Wir gehen zum Hauptweg zurück und setzen unsere Wanderung fort. Wir nähern uns einem Gehöft, das von einem Steinmäuerchen umgeben ist. Kurz davor halten wir uns an der Gabelung rechts auf dem Hauptweg. Er verläuft zwischen verstreuten Eichen und geht in einen unscheinbaren Weg über. Wir durchqueren ein Steinmäuerchen. Danach gehen wir zwischen zwei Steinmäuerchen, die etwa 30 m voneinander entfernt verlaufen. Nach etwa 80 m gehen wir rechts durch die Bresche in der Steinmauer und folgen dahinter dem Weg nach links entlang des Steinmäuerchens. Nun wandern wir stets geradeaus auf dem Hauptweg, vorbei an einer quadratischen Ein-

# Tour 27

friedung zur Linken (Pferch mit Trockenmauer; hier ist links ein Abstecher zum 60 m entfernten Nuraghen Tutturuddu möglich) und dem hier sogleich rechts abzweigenden Weg. Auch an der nächsten Rechtsabzweigung gehen wir vorbei, prägen uns diese Stelle jedoch für den Rückweg ein.

An der Gabelung vor einer großen kreisförmigen Einfriedung (30 Min.), die als **Pferch** 2 dient, gehen wir zunächst links auf dem Weg zwischen Steinmäuerchen weiter. Sehr bald erblicken wir rechter Hand die **Pauli Piccia** (›kleiner Sumpf‹). Dieser seichte Sumpfsee trocknet in den heißen Sommermonaten fast vollständig aus. Wir folgen einem leicht erhöht angelegten Weg – ein Highway im wahrsten Sinne des Wortes – zwischen Steinmäuerchen und Ufer entlang. Am Ende des Sumpfsees führt unser Weg weiter geradeaus an dem Steinmäuerchen entlang in eine zumeist vernässte Geländepartie und dann zu einem Eisengittertor. Davor gehen wir nach links über die Wiese am Rand der Hochfläche, bis wir einen kleinen Hangsporn erreichen. Ein unscheinbarer, mit Erde und Grün bedeckter Steinhaufen zeugt von dem **Nuraghen Nuridda** 3 (45 Min.), der sich einst stolz am Rande der Giara erhob. Zusammen mit 22 weiteren Nuraghen bewachte er einst den Steilrand der Giara.

Auf demselben Weg gehen wir zur kreisförmigen **Einfriedung (Steinpferch)** 2 zurück und dann geradeaus zum Ufer der **Pauli Maiori** weiter, wo sich der Weg verliert.

Weit schweift der Blick über den ›großen Sumpfsee‹. Rechts am Ufer entlang wandern wir an einigen Korkeichen vorbei, deren Stämme vom über die Wasserfläche fegen-

*Rundhütte* (pinnètta) *an der Hirtenstallung Crabili becciu*

### La Giara di Gesturi

den Nordwestwind gebeugt sind, bis wir eine offene, vernässte Uferpartie erreichen. Nun biegen wir nach Nordosten und folgen dem kleinen Wasserlauf, der in den See einmündet, etwa 250 m bis zur **Mitza Salamessi** 4 (1.15 Std.). Aus einem Brunnenhäuschen rinnt das Quellwasser in drei Viehtröge. Pferde, aber vereinzelt auch Kühe halten sich gern an der Tränke auf.

Wir kehren auf demselben Weg zu der großen kreisförmigen **Einfriedung (Steinpferch)** 2 zurück und biegen nach links. Nach knapp 5 Min. nehmen wir links die uns vom Hinweg bekannte Abzweigung. Bei Steinpferchen und zwei Rundhütten mit Spitzdach aus Laubwerk verläuft sich der Weg (1.45 Std.). Wir sind hier an der Hirtenstallung **Crabili becciu** 5 (›Alter Schafstall‹). Rundhütten dieser Art, auf sardisch *pinnètta* genannt, dienten den Hirten früher als Unterschlupf. Die Bauweise erinnert erstaunlich an die Wohnhütten der Nuraghenzeit, ebenso wie auch der alte Pferch aus Trockenmauerwerk mit seinen drei falschen Gewölben.

Vom Steinpferch an der kleinen *pinnètta* gehen wir etwa 30 m nach Südosten auf zwei nebeneinander stehende Korkeichen (die rechte ist doppelstämmig) zu, zwischen ihnen hindurch und nach rund 30 m im leichten Linksschwenk auf einem Pfad durch das Buschwerk weiter. Sogleich erhebt sich rechts im Gebüsch ein ca. 1,20 m hoher, aufrecht stehender Stein, der einem Menhir ähnelt, unmittelbar neben dem Pfad – ein guter Orientierungspunkt. Anfänglich kaum mehr als ein eingewachsener Pfad, der nicht ganz leicht zu finden ist, wird der gelegentlich von Jeeps befahrene Weg rasch deutlicher im Verlauf. Bald halten wir uns an einer Gabelung rechts (links im Gebüsch ist hier ein kleiner Steinpferch erkennbar). Kurz danach kommt erneut eine Gabelung, an der wir dem Hauptweg nach rechts folgen; nach 25 m gehen wir zwischen zwei Korkeichen hindurch. Wenn man schräg rechts über die mit Zistrosen bewachsene Hochebene blickt, ist in der Ferne die flache, mit Korkeichen bestandene Anhöhe des Monte Zeparedda erkennbar. An der nächsten Gabelung halten wir uns links auf dem Hauptweg (die rechten Wegspuren führen zwar in Richtung des Monte Zeparedda, verlieren sich jedoch). Schließlich gabelt sich der Weg erneut und wir schwenken mit dem Hauptweg nach rechts.

Unmittelbar vor einem Durchlass an einem Steinmäuerchen erreichen wir eine Wegverzweigung und biegen nach rechts. An der nächsten Gabelung, die nach etwa 50 m kommt, halten wir uns links. Zwischen Korkeichen verläuft dieser Weg unweit des Mäuerchens, bis wir die erste Rechtsabzweigung nehmen und uns von dem Mäuerchen entfernen. Bald queren wir ein anderes Mäuerchen und gehen geradeaus weiter. Vor einer zweistämmigen Korkeiche (etwa 50 m dahinter ist ein quer verlaufendes Steinmäuerchen erkennbar) verlassen wir den Weg und folgen rechts einem der Pfade zwischen Korkeichen die Basaltfelsen empor. Eine IGM-Metallplakette auf einem Felsen markiert die höchste Stelle des **Monte Zeparedda** 6 (2.15 Std.).

Vom Gipfel gehen wir etwa 50 m nach Süden bis zu einem kleinen Steinpferch mit mehreren Korkeichen und dann nach rechts (Westen) weglos weiter. Wir wandern zwischen Buschwerk leicht bergab und gelangen nach etwa einer Minute in flaches Gelände, wo wir nach links ein **Steinhäuschen** neben halb verfallenen Steinmauern erreichen. Das Dach dieses unscheinbaren kleinen Bauwerks aus Trockenmauern besteht aus einem falschen Gewölbe, das erstaunlich an ein irisches *oratory* erinnert.

Mit dem Rücken zum Steinhäuschen stehend, wenden wir uns nach rechts und folgen dem Pfad, der sich zum steinigen Weg verbreitert, allmählich bergab. Wir wandern an einem scharf rechts abzweigenden Weg vorbei. Dann erreichen wir eine Wegkreuzung, biegen nach links und folgen diesem breiten Weg durch die Macchia; stellenweise sind Reste des alten Steinpflasters erkennbar. An einer Gabelung folgen wir dem breiten Hauptweg um die Linksbiegung (geradeaus führt ein Weg zu Einfriedungen).

Bald kommen wir am eingezäunten **Giardino botanico della Giara** vorbei, gehen kurz danach an der Verzweigung schräg rechts auf dem Hauptweg weiter und passieren steinerne Viehtränken. Nach kurzer Zeit schwenkt der Hauptweg an einer Gabelung nach rechts und führt dann links um eine Einfriedung. An einem Linksabzweig vorbei und durch ein Holztor (bitte wieder schließen) geht es zum **Parkplatz** [1] (2.45 Std.) zurück.

## La Giara di Gesturi

Mit steilen Flanken erhebt sich ein großer Tafelberg, die nach dem Bauerndorf Gesturi benannte Giara di Gesturi (sard. *Sa Jara*), über das bäuerliche Umland der Marmilla. Eine dünne Deckschicht aus hartem bräunlichem Basaltgestein liegt schützend auf der einsamen Hochebene, die sich auf rund 550 m Meereshöhe über eine Fläche von 45 km² ausbreitet. Aus zwei Vulkanschloten ergoss sich einst dünnflüssige Lava über das Land. Von allen Seiten nagt die Abtragung an den Rändern der Hochebene; an den Hängen tritt das darunter liegende helle Kalk- und Mergelgestein zutage.

Verbreitet gedeihen Korkeichen und Montpellier-Zistrosen auf der Hochebene, schier undurchdringlich ist das Buschwerk an vielen Stellen. Auf der ziemlich wasserundurchlässigen, durch rötlichen Tonschlamm abgedichteten Basaltdecke breiten sich seichte Sumpfseen aus, die allerdings in der heißen Jahreszeit fast vollständig austrocknen. In diesen *paùlis* (von lat. *palus* ›Sumpf‹) gedeiht ein Hahnenfußgewächs *(Ranunculus aquatilis),* das im Frühjahr gelb und weiß blüht. An den Seeufern sind häufig die kleinwüchsigen halbwilden Pferde der Giara anzutreffen, denn die üppig wuchernden Wasserpflanzen gehören zu ihrer bevorzugten Kost.

Mit einer Schulterhöhe von gut einem Meter ist diese besondere Rasse recht kleinwüchsig. Die Pferde haben ein braunschwarzes Fell mit langer Mähne; kräftige Hufe erleichtern ihnen das Laufen auf steinig-felsigem Boden und durch das Buschwerk. Über 600 Pferde streifen frei in kleinen Herden auf der Hochfläche umher, doch haben sie allesamt ihre Besitzer – Bauern aus den umliegenden Dörfern, die Gebietsanteile an der Giara haben. Die Tiere tragen Brandzeichen; einmal im Jahr werden sie zusammengetrieben, die Fohlen mit Brandzeichen versehen und ein Teil von der Hochfläche ins Schlachthaus getrieben – Pferdefleisch gilt auf Sardinien als Delikatesse.

# Tour 28

# Schwarzes Gold am Erzberg

### Durch die Gipfelregion des Monte Arci

Am Monte Arci liegt es uns buchstäblich zu Füßen, das schwarze Gold der Steinzeit: Obsidian. Das große Vulkanmassiv ist mit seinen Wäldern ein lohnendes Wanderziel. Vom Hochplateau bietet sich ein herrlicher Weitblick bis zur Westküste.

## DIE WANDERUNG IN KÜRZE

**Anspruch:** ++

**Gehzeit:** 3.30 Std.

**Länge:** 12 km

**Charakter:** Bequeme Forstwege und kurze Sträßchen, teils schattig. Nicht an stürmischen Tagen zu empfehlen; das Gipfelplateau ist sehr dem Wind ausgesetzt.

**Wanderkarte:** Carta topografica d'Italia, 1:50 000, 539 (Mogoro)

**Einkehrmöglichkeit:** Restaurantbars am Parkplatz Sennisceddu und am Parco Acquafrida (beide wegen wirtschaftlicher Schwierigkeiten derzeit geschl.)

**Anfahrt:** Über Ales (an der SS 442 zwischen Uras und Laconi gelegen) nach Pau und gleich am Ortseingang links in die Viale Monte Arci (u. a. Wegweiser »camping/pineta«). Dann an der Straßenkreuzung links in die Via is Elmus und die Häuser hinter sich lassen. Nach 3 km auf diesem Sträßchen (kurz vor dem Campingplatz) kommt der Parkplatz Sennisceddu vor einer Restaurantbar; hier parken.

**Hinweis:** 2003 wurden die Windräder aufgrund technischer Probleme stillgelegt und bis auf die Stelzen abmontiert.

Vom **Parkplatz Sennisceddu**  vor der Restaurantbar gehen wir links durch das grüne Eisengittertor den geschotterten Weg in den Wald hinauf und sogleich im Rechtsschwenk an einem unscheinbaren Abzweig vorbei. Bald halten wir uns an einer Gabelung rechts (an einem Drahtzaun entlang).

Überall am Boden glänzt uns hier der schwarzglasige Obsidian entgegen. Wir erreichen ein Staubecken in einem kleinen Tälchen und gehen hier geradeaus an der Rechtsabzweigung vorbei weiter bergauf. Rechts stehen Picknicktische im Schatten der Eichen. Bald schwenken wir auf dem Hauptweg nach rechts. Dann gehen wir an einer breiten Rechtsabzweigung (Schneise) vorbei. Gleich danach gabelt sich der Weg bei zwei Korkeichen unter einer Stromleitung: Wir biegen nach rechts. Nach wenigen Schritten halten wir uns an der folgenden Gabelung links und unterqueren die Stromleitung.

# Tour 28

Der Weg verläuft nun mehr oder weniger hangparallel. Schließlich gehen wir an einer Gabelung links an einer Viehtränke, dann an einem kleinen Gebäude vorbei zur **Sorgente Fustiolau** 2 (30 Min.), deren kühles Quellwasser bei Hitze besonders angenehm ist. Nun folgen wir dem befestigten Weg stetig bergauf, vorbei an einigen Abzweigungen.

Schließlich erreichen wir ein Picknickgelände mit Grillplätzen. Links zweigen unmittelbar hintereinander zwei Zufahrtswege ab, die sogleich zusammenführen und uns zur nahen Asphaltstraße bringen; gegenüber steht eine Restaurantbar. Hier sind wir im **Parco Acquafrida** 3, benannt nach der gleichnamigen Quelle (›kühles Wasser‹), die versteckt im nahen Wald sprudelt (1 Std.). Wir überqueren die Asphaltstraße und gehen rechts an der **Restaurantbar** vorbei den breiten Weg hinauf.

Der Weg (Brandschutzschneise) schwenkt bald nach rechts. Wir stoßen auf einen gepflasterten Fußweg, der um die Anhöhe **Conca de Seda** führt, und folgen ihm nach links. Bald gelangen wir auf eine gepflasterte Querstraße, gehen sie nach rechts hinauf und biegen vor dem Eisengittertor links auf den Schotterweg ab, der nun auf dem Hochplateau verläuft.

Bald stoßen wir auf einen Querweg entlang einer Schneise, die von Stelzen der abmontierten Windräder gesäumt ist, und gehen rechts weiter. Sogleich erreichen wir den **Rand des Hochplateaus** 4 (1.15 Std.).

Unerwartet öffnet sich ein hinreißender Ausblick über die waldigen Abhänge des Monte Arci auf den Golf von Oristano. Vor der Stadt liegt die Wasserfläche des Stagno di S. Giusta; nach Süden schließt sich das fruchtbare Tiefland von Arborea an, dahinter das Bergland des Iglesiente.

Wir folgen nun dem Weg nach links am Rand des Hochplateaus entlang. Ein scharf rechts abzweigender Nebenweg bleibt unbeachtet, ebenso 30 m danach ein links abgehender Nebenweg.

Bei Windrad Nr. 14 schwenkt unser Weg in einer breiten Schneise nach links und entfernt sich vom Rand des Hochplateaus. Wir stoßen auf einen Querweg, dem wir später nach links folgen werden. Zunächst jedoch gehen wir nach rechts durch das Eisengittertor und laufen geradeaus auf dem Weg zur Sendeantenne auf dem nahen **Gipfel**. Wir gehen 250 m auf dem Sträßchen weiter, bis sich rechts die **Trèbina Longa** 5 (2 Std.) erhebt. Dieser durch die Abtragung herauspräparierte Vulkanschlot bildet die höchste Erhebung des Monte Arci. Von der westlichen Tiefebene aus betrachtet erhebt sich die Trèbina Longa mit zwei weiteren Vulkanschloten besonders markant über die waldigen Abhänge des Monte Arci. Diese drei Felsdome tragen daher den Namen *trèbina* (sard. ›Dreibein‹).

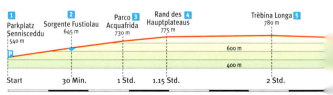

126

### Durch die Gipfelregion des Monte Arci

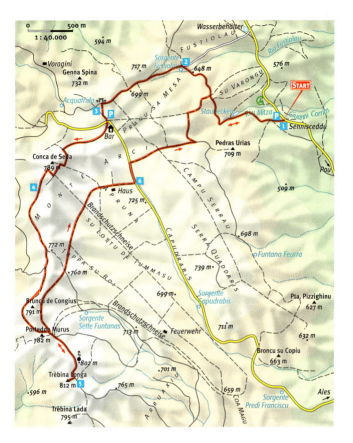

Wir laufen nun auf dem Weg zurück und an unserem Herweg vorbei geradeaus weiter durch den Wald. Schließlich treten wir aus dem Wald, queren eine Schneise mit Stelzen der abmontierten Windräder und durchschreiten ein Tor, um geradeaus auf dem Weg weiterzugehen. Dann passieren wir zwei Häuser und stoßen danach auf ein **Asphaltsträßchen** 6 (2.45 Std.), dem wir nach links bergauf folgen. Nach etwa 200 m zweigt rechts ein Weg ab, dem wir in den Wald folgen.

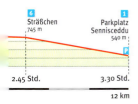

127

# Tour 28

Wir erreichen eine Wegkreuzung und gehen geradeaus durch das Tor weiter bergab. An einer breiten Wegverzweigung wandern wir geradeaus weiter hangabwärts. Sobald von links ein breiter Weg (Schneise) heranführt, verlassen wir unseren Weg, um dem breiten Weg nach links hangaufwärts zu folgen. Er steigt sogleich in einem Rechtsschwenk an.

Bald stoßen wir bei einer Stromleitung auf einen Querweg, dem wir nach rechts bergab folgen. Wir erreichen wieder die zwei Korkeichen unter der Stromleitung, die uns vom Herweg bekannt sind. Hier wenden wir uns nach rechts und folgen dem Weg am Staubecken vorbei zum **Parkplatz Sennisceddu** [1] (3.30 Std.) zurück.

## Das schwarze Gold der Steinzeit

In der Jungsteinzeit (6000–2700 v. Chr.) erlebte Sardinien dank der reichen Obsidianvorkommen des Monte Arci (›Erzberg‹) eine erste wirtschaftliche Blüte. Obsidian ist ein schwarzes glasiges Gestein vulkanischen Ursprungs, dessen Farbe auf eingemengtes, fein verteiltes Eisenoxid zurückgeht. Dieses sogenannte Gesteinsglas entstand, als das Vulkansystem des Monte Arci im jüngeren Tertiär aktiv war und flüssiges, gasarmes Magma rasch erkaltete, zum Beispiel als Kruste von Basaltlava oder in vulkanischen Bomben. Obsidian ist sehr hart und zeigt einen muschelartigen, scharfkantigen Bruch. In der Jungsteinzeit war er begehrt zur Herstellung von Waffen und Werkzeugen wie Klingen und Pfeilspitzen. Im Rahmen eines regen Seehandels wurde sardischer Obsidian in die Toskana exportiert und gelangte von dort auf dem Landweg über Südfrankreich bis nach Nordspanien, denn die Vorkommen am Monte Arci sind die einzigen im nordwestlichen Mittelmeer. Erst in der Eisenzeit verlor das glasharte Gestein an Bedeutung.

Das Gebiet Sennisceddu ist der reichste Obsidian-Fundort am Monte Arci. Die unzähligen Bruchstücke, die man hier weithin verstreut am Boden sieht, sind das Ergebnis des über Jahrtausende betriebenen Obsidian-Abbaus – der unverwertbare Gesteinsschutt, der bei der Verarbeitung als Abfall übrig blieb. Da das gesamte Gebiet archäologisch außerordentlich wertvoll ist, darf kein Obsidian mitgenommen werden!

# Tour 29

# Spuren der Nuraghenzeit

### Vom Brunnenheiligtum Santa Cristina zu versteckten Nuraghen

Basaltsteinmäuerchen säumen die Felder, Schafe grasen zwischen alten Ölbäumen, Vogelgezwitscher erschallt aus einer Hecke. Inmitten dieser bukolischen Gegend entdecken wir faszinierende Zeugnisse der Nuraghenkultur: den schönsten Brunnentempel Sardiniens und imposante Nuraghen, die sich im Buschwerk verbergen.

---

**DIE WANDERUNG IN KÜRZE**

**Anspruch:** +

**Gehzeit:** 3.30 Std.

**Länge:** 13 km

**Charakter:** Leicht. Ebenerdige Feldwege mit wenig Schatten; vor allem an bewölkten oder kühlen Tagen empfehlenswert. Im Frühjahr ist die Tour besonders lohnend, wenn die Natur in voller Blüte steht.

**Wanderkarte:** Carta topografica d'Italia, 1:50 000, 515 (Ghilarza)

**Einkehrmöglichkeit:** Snackbar im Besucherzentrum Santa Cristina

**Anfahrt:** Auf der Autobahn SS 131 bis zum Parkplatz am Brunnenheiligtum Santa Cristina (beschildert); es liegt direkt östlich der Autobahn zwischen Bauladu und Paulilátino.

**Hinweis:** Taschenlampe oder Handy-Licht erforderlich, wenn man die Gewölbekammer des Nuraghen Lugherras besichtigen und die Wendeltreppe in der Mauer emporsteigen möchte.

---

Vom Parkplatz am Besucherzentrum des **Brunnentempels Santa Cristina** 1 gehen wir die Zufahrtsstraße zurück und unter der Autobahn-Unterführung hindurch. Dahinter folgen wir der Straße ansteigend und gehen an der rechts abzweigenden Autobahnauffahrt vorbei. Nach wenigen Metern verlassen wir die Asphaltstraße und biegen links auf einen Feldweg ab. Dieser Weg schwenkt bald nach links und verläuft kurz parallel zur hörbaren Autobahn, ehe er nach rechts biegt und sich von ihr entfernt.

Am Wegesrand gedeihen Affodill, Rutenkraut, wilder Spargel, Orchideen und viele andere Wildblumen. Hinter den aus Lavabrocken geschichteten Steinmäuerchen liegen Wiesen mit verstreuten Ölbäumen. Wir gehen an einer Rechtsabzweigung vorbei geradeaus auf dem Hauptweg weiter. Gleich danach halten wir uns an der Weggabelung vor einem Steinmäuerchen rechts. Kurz danach überqueren wir den kleinen Bachlauf des **Riu Pizziu** (20 Min.). Wir erreichen schließlich einen breiteren Platz und gehen geradeaus auf dem Hauptweg weiter, vorbei an den Seitenwegen. Nach wenigen Minuten stoßen wir auf eine Asphaltstraße; schräg rechts gegenüber

129

# Tour 29

*Altopiano di Abbasanta*

setzt sich der alte Weg fort. Zunächst jedoch machen wir einen Abstecher nach rechts entlang der Straße, bis nach 5 Min. in einer leichten Rechtskurve links der **Nuraghe Ortei** 2 (45 Min.) zwischen Ölbäumen auftaucht. Der Innenraum ist von einer großen Kragkuppel überwölbt und zeigt drei Wandnischen. Im Eingangsbereich befindet sich rechts eine Wachtpostennische, während links der mit Schießscharten versehene Treppenaufgang spiralförmig ansteigt.

Wir kehren auf der Straße zurück und wandern auf dem alten Weg zwischen Steinmäuerchen weiter. Wir gehen geradeaus an einem Eisengittertor (»MLB 1985«) vorbei, das sich rechts in der Mauer öffnet. Kurz danach folgen wir dem Hauptweg im Linksschwenk an mehreren Toren vorbei. Bald erreichen wir eine Weggabelung und wenden uns nach rechts. Neben Ölbäumen sind nun auch vereinzelt Korkeichen zu sehen. In den Waldungen zur Rechten versteckt sich, unseren Blicken entzogen, der Nuraghe Orre.

Schließlich überqueren wir eine **Asphaltstraße** 3 (1.30 Std.) und gehen geradeaus auf dem Hauptweg weiter. Nach etwa 40 m sieht man über ein Gatter im Steinmäuerchen hinweg schräg rechts jenseits einer Wiese den **Nuraghen Battizzones** (sard. *battizzòne* ›Kätzchen‹). Nur wenig von der Mauer des Nuraghen lugt zwischen üppigem Grün hervor. Wir wandern auf dem Hauptweg weiter und halten uns bald an einer Gabelung links. An der nächsten Gabelung (Gullydeckel) gehen wir rechts weiter. Kurz darauf gabelt sich der Weg vor einem Tor erneut: Wir halten

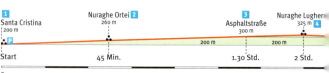

## Vom Brunnenheiligtum Santa Cristina zu versteckten Nuraghen

uns rechts. Nun erblicken wir vor uns in der Ferne das von einer Sendeanlage gekrönte Bergmassiv des Monte Ferru. Bald erreichen wir abermals eine Gabelung; auch diesmal gehen wir rechts weiter.

Nach knapp 10 Min., kurz nach einem runden und einem quadratischen Bauwerk links des Weges, taucht links zwischen Flaumeichen und Ölbaumen der gewaltige **Nuraghe Lugherras** 4 (2 Std.) auf. *Lùgheras* heißen auf sardisch der Öllämpchen (lat. *lucernae*), die bei den ersten Grabungen 1906 im Erdgeschoss neben wertvollen Votivgaben gefunden wurden. Sie stammen aus einer Zeit, als die Punier bereits die Herrschaft über Sardinien gewonnen hatten. Die große, vieltürmige Nuraghenbastion mit Innenhof wurde zuletzt 2012 archäologisch untersucht, vom Bewuchs befreit und teilweise restauriert. Viel Wissenswertes erfährt man auf der Infotafel. Besucher dürfen die Räume im Erdgeschoss und über die Wendeltreppe das Obergeschoss des Hauptturms betreten.

Auf demselben Weg kehren wir zum Besucherzentrum am **Brunnentempel Santa Cristina** 1 (3.30 Std.) zurück.

### Der Kult des Wassers

Wasser, ein knappes und kostbares Gut auf einer Mittelmeerinsel, genoss in der Nuraghenzeit größte Verehrung. Fast alle Heiligtümer entstan-

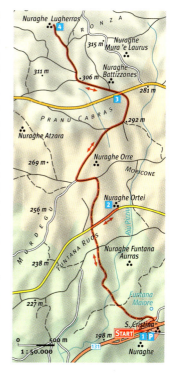

den an Quellen und sind nach einem ähnlichen Schema erbaut. Unter den über 50 bekannten Brunnentempeln auf Sardinien ist Santa Cristina wegen seiner perfekten Bauweise, aber auch wegen des hervorragenden Erhaltungszustandes und der Weitläufigkeit der gesamten Anlage am eindrucksvollsten.

Der eigentliche Brunnentempel ist durch eine elliptische Außenmauer gegen die profane Außenwelt abgeschirmt. Im Innern gelangt man

# Tour 29

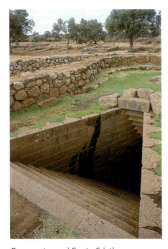

*Brunnentempel Santa Cristina*

durch einen Vorraum, gesäumt von kleinen Steinpodesten zum Abstellen der Opfergaben, zum trapezförmigen Treppenraum, der sich im Boden öffnet. Stufen führen in den Brunnenraum hinab, in dem die Quelle tief unter der Erde gefasst ist.

Das Wasser tropft aus den Hohlräumen der unteren Steinlagen, während der Boden aus geglättetem Felsgestein besteht. Ein Abflusskanal sorgt dafür, dass der Wasserstand konstant bleibt und der Brunnen nicht überläuft. Der Brunnenraum ist wie das falsche Gewölbe eines Nuraghen konstruiert, allerdings von ungleich höherer Präzision: keine groben Steinquader, sondern sorgsam behauene, aufeinander liegende Steinkreise mit nach oben abnehmendem Radius bilden die Mauer – eine architektonische Meisterleistung. Die Kragkuppel ragt knapp aus dem Boden; durch eine Öffnung fällt Tageslicht in den Schacht.

Ebenso wie der Brunnenraum zeigt auch die Treppe perfektes handwerkliches Können. Die einzelnen Steinreihen aus präzise bearbeiteten Basaltquadern sind leicht gegeneinander versetzt, sodass die Wände ein äußerst elegantes Sägezahnprofil bilden. Auf der Rückseite sind die Mauersteine mit einem grob zugehauenen Mittelzapfen im Erdreich fest verankert.

Wenn man die Treppe hinabschreitet, wird man wie magisch in die Tiefe gezogen und zugleich vom Gefühl zu schweben überwältigt, eine optische Illusion, die an M. C. Escher erinnert. Diese Wirkung entsteht durch die umgekehrte, an der Decke aufsteigende Treppe, die aus dem mystischen Urgrund in den Himmel zu führen scheint – ein Symbol der Transzendenz. Kein Zweifel: Das Volk der Nuragher muss eine ausgeprägte Jenseitsvorstellung gehabt haben. Dies zeigt sich auch in den zahllosen *bronzetti,* kunstvollen Bronzestatuetten, die als Votivgaben an Kultstätten aufgestellt wurden, um die Gnade der Götter zu erflehen.

Die Frage, wie die Nuragher solch perfekte Bauwerke errichten konnten, ist unbeantwortet. Vielleicht gab es durch Handelskontakte mykenische Einflüsse. Schwierig ist auch die Datierung. Der Fund einer importierten Bronzestatuette einer sitzenden Göttin im syrisch-palästinensischen Stil (um 1100 v. Chr.) legt das 12./11. Jh. v. Chr. nahe, was einer wissenschaftlichen Sensation gleichkäme. Seinen Namen trägt der Brunnentempel von dem Landkirchlein Santa Cristina, das im Mittelalter (christliche Umwidmung eines heidnischen heiligen Ortes!) ganz in der Nähe erbaut wurde. Es ist von typischen *muristenes* umgeben, schlichten Unterkünften für die Familien der benachbarten Dörfer, die hier an Festtagen zusammenkamen.

Tour

# Auf den ›Ätna der Sarden‹

## Durch die Gipfelregion des Monte Ferru

Karge Felskuppen und bizarre, durch die Erosion herauspräparierte Vulkanschlote bilden die Gipfelregion des Monte Ferru. Weit schweift der Blick vom ›Ätna der Sarden‹, wie der berühmte Sardinienforscher La Marmora das größte Vulkanmassiv Sardiniens einst bezeichnete, über einen Großteil der Insel.

### DIE WANDERUNG IN KÜRZE

**Anspruch:** +

**Gehzeit:** 2.45 Std.

**Länge:** 10 km

**Charakter:** Leicht. Gute Wege; kein Schatten. Wegen der herrlichen Ausblicke bei guter Sicht empfehlenswert.

**Wanderkarte:** Carta topografica d'Italia, 1:50 000, 514 (Cuglieri)

**Einkehrmöglichkeit:** Keine

**Anfahrt:** Von Cuglieri (9,7 km) oder Santu Lussurgiu (8,3 km) in Richtung Monte Ferru. An einem großen Schild »RAI Centro trasmittente Punta Badde Urbara« sowie einem kleinen Schild »AFDRS Pabarile« zweigt die Stichstraße ab, die nach 1 km zum Parkplatz vor der Sendeanlage führt.

Vor der Sendeanlage auf der **Punta Badde Urbara** 1 folgen wir dem Fahrweg nach rechts. Bald geht es an einer Rechtsabzweigung zur Forststation vorbei geradeaus weiter und sogleich durch eine grüne Eisenschranke.

Uns umgibt Felsheide (Garrigue) mit niedrigen Zistrosenpolstern; rechts öffnet sich das weite, waldige Tal des Riu s'Abba Lù-ghida. Der Fahrweg führt zunächst leicht bergab und dann hangparallel, ehe er allmählich ansteigt; stets begleitet uns eine Stromleitung. Alle Abzweigungen bleiben unbeachtet.

Kurz nach Überquerung eines Sattels kommt eine Gabelung vor einer kleinen Steineiche; hier halten wir uns rechts und unterqueren sogleich die Stromleitung. Nach wenigen Minuten überschreiten wir erneut einen **Sattel** 2 (30 Min.); rechts auf einem kleinen Gipfel steht eine Sendeantenne.

Unvermittelt öffnet sich ein weiter Blick über die waldigen Abhänge des Monte Ferru, auf denen wir mit etwas Glück Mufflons entdecken können, bis zur Westküste. Nur auf Korsika und Sardinien ist das scheue Mufflon (oder Wildschaf) noch von Natur aus beheimatet. Auf einem Felsen steht die Ruine des Castello di Monte Ferru (Casteddu Etzu); weiter unten am Hang liegt das große Bergdorf Cuglieri ausgebreitet.

Der Weg führt zunächst bergab. Nach Überschreitung eines kleinen Sattels bietet sich in Richtung Südwesten eine herrliche Sicht auf die Sinis-Halbinsel und den Stagno di

# Tour 30

*Monte Ferru*

Cabras bei Oristano. Gleich hinter dem Sattel lassen wir zwei Brandschutzschneisen, die kurz hintereinander nach rechts hinabführen, unbeachtet und wandern auf dem Hangweg weiter. An einer Verzweigung gehen wir den geröllligen, erodierten Hauptweg ziemlich steil bergab; er verläuft am Maschendrahtzaun entlang.

Nach wenigen Minuten endet das erodierte Wegstück (1 Std.) und wir wandern wieder hangparallel, dann allmählich ansteigend und entfernen uns vom Zaun.

Nach einer scharfen Linkskehre führt der Weg in einigen Kehren in die Gipfelregion hinauf. Hier gehen wir an der breiten **Gabelung** 3 (1.30 Std.) rechts weiter. Alsbald gabelt sich der Weg erneut: Wir wandern nach rechts bergab. Dann stoßen wir erneut auf eine Weggabelung und halten uns diesmal links.

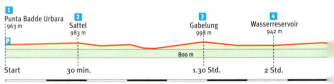

## Durch die Gipfelregion des Monte Ferru

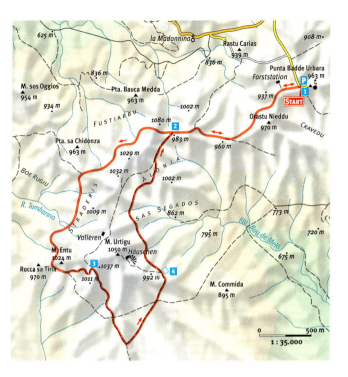

Schließlich erreichen wir eine breite Gabelung, an der wir wiederum links weiterwandern. Gemütlich geht es nun immer geradeaus auf diesem Weg am Hang entlang. Nach Osten bieten sich herrliche Ausblicke. Ein Großteil der Insel liegt ausgebreitet vor uns. Am Fuße des Gebirges erstreckt sich die weite vulkanische Hochebene von Abbasanta.

Wir gehen an der Rechtsabzweigung bei einem eingezäunten **Wasserreservoir** 4 vorbei (2 Std.). Danach halten wir uns an der Gabelung vor einem Strommast rechts.

Schließlich erreichen wir wieder die uns bekannte Gabelung, halten uns rechts und kehren auf dem Hinweg zum Parkplatz an der **Punta Badde Urbara** 1 (2.45 Std.) zurück.

135

**Tour 31**

# Olivenbäume und Flaumeichen

### Von Bolotana auf die Catena del Marghine

Mit einer steilen Gebirgsflanke fällt die Catena del Marghine zur Hochebene von Abbasanta ab. Umgeben von Ackerterrassen mit Oliven- und Mandelbäumen liegt Bolotana an den Berghängen. Oberhalb des Dorfes schließt sich dichter Eichenwald mit rauschenden Bachläufen an. Vom Gebirgsrand bietet sich ein herrlicher Weitblick.

## DIE WANDERUNG IN KÜRZE

**++**
Anspruch

**5 Std.**
Gehzeit

**16 km**
Länge

**Charakter:** Mittelschwer. Gute Wege, außer im zweiten Teil des Aufstiegs, der mehr oder weniger weglos ist und guten Orientierungssinn erfordert. Steinmännchen und verblasste gelb-weiße Wegzeichen helfen bei der Orientierung. Teilweise Schatten.

**Wanderkarte:** Carta topografica d'Italia, 1:50 000, 498 (Macomer)

**Einkehrmöglichkeit:** keine

**Anfahrt:** Von Macomér auf der SS 129 nach Westen bis zur beschilderten Abfahrt nach Bolotana. Im Ort nimmt man die u. a. »Baddesalighes« und »Ortachis« beschilderte Linksabzweigung und erreicht nach 1 km den nördlichen Ortsrand. Hier zweigt scharf rechts eine Straße ab, die in den Ort zurückführt (Wegweiser u. a. Chiesa S. Giovanni); 50 m weiter führt ein Sträßchen schräg links in das Tal des Riu sas Chias hinab. Gute Parkmöglichkeit auf dem befestigten Seitenstreifen.

Vom Rand des Ortes **Bolotana** 1 folgen wir dem Sträßchen schräg links in das Tal des **Riu sas Chias** hinab und überqueren die Talbrücke. Nach etwa 70 m gehen wir an der Gabelung vor einer Hohlblocksteinmauer rechts (gelb-weißes Wegzeichen) den betonierten Weg hinauf. Terrassiertes Kulturland mit Oliven- und Mandelbäumen erstreckt sich auf

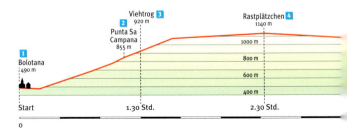

136

## Von Bolotana auf die Catena del Marghine

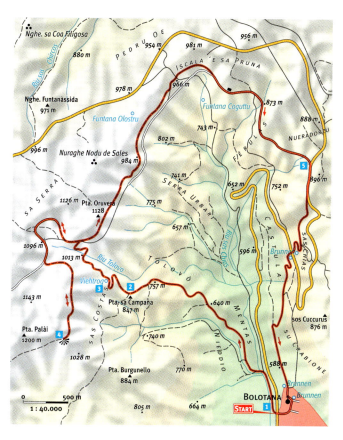

den umliegenden Talhängen, Steinmäuerchen parzellieren die Ackerterrassen. Nachdem die Betonierung endet, wandern wir auf einem Schotterweg weiter. Im Frühjahr leuchtet der prächtig gelb blühende Ginster am Wegesrand.

Schließlich verliert sich der befahrbare Weg an einem **Weidegatter** (45 Min.). Rechts setzt sich ein alter

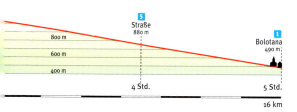

# Tour 31

Hohlweg zwischen Steinmäuerchen fort, der jedoch zugewachsen und nicht mehr begehbar ist. Wir folgen daher hinter dem Weidegatter (Drahtzaun) dem ausgeprägtesten Pfad im Rechtsschwenk hangaufwärts, anfänglich oberhalb des alten Weges. Lichter Flaumeichenwald bedeckt nun die Hänge, während wir das Kulturland hinter uns lassen. Der Pfad führt nach einiger Zeit rechts an einem Felsbrocken mit verblasstem gelb-weißem Wegzeichen vorbei und teilt sich mehrfach. Wir wandern geradeaus weiter hangaufwärts und nähern uns im Gebiet Tolovo einer ausgehöhlten Flaumeiche, die den Hirten als Unterstand dient; rechts verläuft ein Steinmäuerchen. Hier gehen wir nach links weiter bergan – nicht in das Tal des Riu Tolovo zur Rechten absteigen! Mehr oder weniger weglos bleiben wir auf dem mit Wiesen und verstreuten Flaumeichen bedeckten Rücken.

Bald durchqueren wir ein Weidegatter an einem Steinmäuerchen; rechts befindet sich eine gelb-weiße Markierung. Ein grasiger Weg mit gelb-weißen Markierungen führt uns weiter hangaufwärts. Bei einer Einsattelung gelangen wir auf den kleinen Bergrücken der **Punta Sa Campana** 2 (1.15 Std.), wo Pfade in verschiedene Richtungen abzweigen. Hier gehen wir nach rechts auf dem Rücken bergauf; vereinzelte Steinmännchen helfen nun bei der Orientierung. Unser Fernziel ist der Einschnitt im Bergkamm zwischen dem felsigen Gipfel zur Rechten (Punta Oruvera) und der Punta Palai zur Linken. Nach etwa 100 m halten wir uns leicht rechts; zur Rechten erhebt sich eine gewaltige Flaumeiche, in deren Geäst sich Farne angesiedelt haben. Nun wird der Verlauf eines grasbewachsenen Weges deutlich.

Der Weg steigt am Hang entlang an und beschreibt dann eine Linkskehre; sogleich sehen wir ein Steinmännchen und Wegzeichen an einem Baum. Bald folgen wir dem Weg um eine Rechtskehre; auch hier ist ein Wegzeichen zu sehen. Es geht weiter hangaufwärts; noch dürfen wir nicht nach rechts in das Tal des Riu Tolovo abkommen! Nach 5 Min. passieren wir eine Bodenvertiefung, die als **Viehtrog** 3 (1.30 Std.) dient und von einem Rinnsal gespeist wird. Gut 10 Min. später erreichen wir den Bachlauf des Riu Tolovo und überqueren ihn. Kurz dahinter durchqueren wir ein Steinmäuerchen und gehen dann auf einem Pfad am Hang entlang leicht bergan. Ein gelb-weißes Wegzeichen auf einem Felsen dient der Bestätigung.

Bald kommt eine Verzweigung, die mit einem Steinmännchen markiert ist. Hier folgen wir dem Pfad nach links bergauf und nähern uns dann wieder dem Steinmäuerchen. Nach kurzer Zeit führt links ein Durchlass im Steinmäuerchen zum Bach zurück, wir jedoch wenden uns an dieser Stelle nach rechts und steigen auf einem Pfad an. Bald gelangen wir auf einen **Schotterweg** (2 Std.). Die Wanderung wird sich später nach rechts fortsetzen, doch zunächst machen wir einen Abstecher und folgen dazu dem Schotterweg nach links. Schon bald beginnt Asphaltbelag.

Nach 10 Min. gehen wir an einem scharf rechts abzweigenden Fahrweg vorbei (links Steintafel »Comunità montana No. 8«) geradeaus weiter. Nach weiteren 5 Min. biegen wir links durch einen Durchlass zwischen zwei grünen Eisenpfosten im Maschendrahtzaun und folgen diesem Weg. Er verläuft zunächst leicht bergab, dann hangparallel und all-

## Von Bolotana auf die Catena del Marghine

mählich leicht ansteigend durch schönen Flaumeichenwald am Abhang der Catena del Marghine. Schließlich kommen wir durch ein grünes Eisengittertor. Dahinter liegen Felsen im lichten Wald – ein feines **Rastplätzchen** 4 (2.30 Std.) mit herrlicher Aussicht. Weit reicht der Blick nach Süden über die Tirso-Niederung und die Hochfläche von Abbasanta.

Wir gehen auf demselben Weg bis zu der Stelle zurück, an der wir ursprünglich auf den Hauptweg gekommen sind (3 Std.). Sogleich steigt schräg links (betonierter Abzweig) ein Seitenweg an, dem wir nun folgen. Dieser relativ breite Weg verläuft am waldigen Hang entlang und gewährt großartige Ausblicke über die Eichenwälder der Catena del Marghine hinüber zum Monte Rasu. Wir gelangen schließlich auf eine **Asphaltstraße** (3.30 Std.) und gehen geradeaus (d. h. nach links) weiter. Wir kommen durch die Gegend Ferulas, die nach dem Rutenkraut *(Ferula communis)* benannt ist.

Schließlich stoßen wir auf eine **Querstraße** 5 (4 Std.) und biegen nach rechts. Kurz vor einer Linkskurve, die nach wenigen Minuten kommt, folgen wir schräg rechts den breiten Weg in den Eichenwald hinab (gelb-weißes Wegzeichen auf einer Flaumeiche). Alsbald halten wir uns an einer Gabelung links. An der nächsten Gabelung gehen wir nach rechts bergab; auf der rechten Seite befindet sich ein eingefriedeter Brunnen. Gleich danach passieren wir ein Brunnenhäuschen. Kurz darauf halten wir uns an der Gabelung rechts auf dem etwas besseren Weg. Bei einem zweiten Brunnenhäuschen stoßen wir wieder auf die Asphaltstraße. Auf der gegenüberliegenden Straßenseite finden wir die Fortsetzung unseres Weges, der nun nach links den Hang hinabführt und sogleich ein weiteres Brunnenhäuschen passiert. Dieser alte Weg ist mit großen Granitsteinen gepflastert, die stellenweise zutage treten. Beim sonnigen Abstieg bietet sich ein herrlicher Blick in das Tal des Riu sas Chias. Der Weg setzt sich schließlich asphaltiert fort. An einem Brunnen mit Viehtränke gelangen wir nach Bolotana hinein und sehen sogleich rechts (gegenüber einem Brunnen) die Chiesa S. Giovanni, ein ursprünglich romanisches Kirchlein aus dem Jahr 1145 mit schönem Westportal, das u. a. ein Wildschwein-Relief ziert. Kurz danach steigen wir rechts einen Treppenweg hinab. Am Ende gehen wir die Straße nach rechts, dann (in der Linkskurve) rechts auf einem Treppenweg neben einer Viehtreppe weiter bergab. Wir gelangen auf eine Straße, die uns nach rechts zum Ausgangspunkt am Ortsrand von **Bolotana** 1 (5 Std.) zurückführt.

*Ackerterrassen bei Bolotona*

# Tour 32

# Das Kloster am kahlen Berg

## Durch die Wälder der Catena del Goceano

Dichte sommergrüne Eichenwälder, durch bequeme Forstwege erschlossen, bedecken den Höhenzug am Rande des Goceano. In der Einsamkeit des Gebirges ließen sich einst Klosterbrüder nieder, um hier ein Leben in Kontemplation zu führen. Vom höchsten Gipfel bietet sich ein Rundblick über ganz Mittelsardinien.

### DIE WANDERUNG IN KÜRZE

**Anspruch:** ++

**Gehzeit:** 5.30 Std.

**Länge:** 16 km

**Charakter:** Mittel. Gute Waldwege, viel Schatten.

**Wanderkarte:** Carta topografica d'Italia, 1:50 000, 481 (Ozieri)

**Einkehrmöglichkeit:** Keine

**Anfahrt:** Von der Ortsmitte in Bono (zentrale Straßenkreuzung gegenüber dem Rathaus) die schräg ansteigende Straße nehmen. Sie führt in Serpentinen am Steilhang der Catena del Goceano empor. Kurz nachdem man rechts oberhalb der Straße zwei rechteckige Parabolantennen sieht, erreicht man den Pass Ucc' Aidu (gut 7 km von der Ortsmitte Bono). Beiderseits verlaufen Steinmauern; links liegt ein großer Parkplatz. Hier zweigt der Waldweg durch ein Tor in der Mauer in Richtung des Monte Rasu (Sendeantennen) ab.

Vom **Pass Ucc' Aidu** [1] (sard. *àidu* kommt von lat. *aditus*, ›Zugang‹) gehen wir durch ein Tor den links ansteigenden Fahrweg hinauf. Wir wandern an einer scharfen Linksabzweigung (Wegweiser »Iscurtis«), dann an einer Rechtsabzweigung (Wegweiser »Seddardesilo«); Picknickplatz) vorbei. An einer Verzweigung, wo sich geradeaus ein Weg zum Eibenhain Sos Niberos fortsetzt, folgen wir dem Hauptweg nach links weiter empor. Die umliegenden Hänge sind mit Niederwald bestanden, in dem Flaumeichen vorherrschen; vereinzelt sind auch Stechpalmen zu

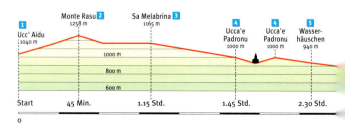

## Durch die Wälder der Catena del Goceano

sehen. Im Winter sind diese Höhenlagen häufig in Nebel gehüllt; viele Bäume sind daher mit Bartflechten behangen, die die Nebelnässe zum Gedeihen brauchen. Efeu klettert an den Stämmen empor. An einer Gabelung wird die Wanderung später nach links führen. Zunächst jedoch machen wir einen Abstecher nach rechts auf den **Monte Rasu** 2 (›Kahler Berg‹; 45 Min.). Vom Gipfel mit seinen Sendeantennen bietet sich bei guter Sicht ein herrlicher Rundblick über die mit lockeren Eichenwäldern bedeckte Catena del Goceano (*catena*, ›Kette‹), die zu einer langen geologischen Bruchstufe gehört, die Mittelsardinien durchzieht und sich bis zum Monte Ferru fortsetzt. In den schönen Eichenmischwäldern gedeihen Eiben, Esskastanien, Stechpalmen und Französischer Ahorn *(Acer monspessulanum)*. Malerisch erhebt sich die Ruine des Castello di Burgos auf einem Granitsporn. Im Nordwesten sind die Tafelberge und Vulkankegel des Meilogu/Logudoro erkennbar. Im Osten erstreckt sich der Goceano, die fruchtbare Landschaft am Mittellauf des Tirso; in der Ferne sind die Bergländer des Nuorese und der Barbagia zu sehen.

Wir kehren zu der Weggabelung zurück und wenden uns nach rechts. Alsbald halten wir uns an einer Gabelung wieder rechts. Über eine Brandschutzschneise schweift der Blick ins Tirsotal. Wir erreichen den flachen Sattel **Sa Melabrina** 3 (1.15 Std.), wörtlich ›Reif-Apfel‹ – ein Hinweis auf das raue Klima. Wir halten uns hier an der Gabelung links und gehen alsbald an einem grünen Eisengittertor vorbei geradeaus weiter. An der nächsten **Gabelung** (1.30 Std.) halten wir uns rechts. Bald lassen wir den Wald hinter uns und wandern auf der Kammlinie der Catena del Goceano gemächlich bergab. Vor uns erstreckt sich eine aufgelockerte Waldweidelandschaft mit dem Gestüt Foresta Burgos.

Wir durchschreiten ein Tor in einer Steinmauer und erreichen die breite Wegkreuzung auf dem Sattel **Sa Ucca 'e Padronu** 4 (›Der Pass des Herrn‹; 1.45 Std.). Die Wanderung wird später nach rechts führen, doch zunächst machen wir einen Abstecher nach links (Tor) und folgen dem betonierten, von Steinmäuerchen flankierten Weg zur **Fattoria Giannasi** hinab. Dieses Landgut ging aus einem ehemaligen Franziskanerkloster hervor, das 1233 als erstes auf Sardinien gegründet wurde und bis 1769 bestand; die Holzstatue des heiligen Franziskus wird heute in der Kirche San Raimondo in Bono aufbewahrt. Falls jemand anwesend ist, kann man um Erlaubnis zur Besichtigung der Kirche bitten. Der ehemalige Klosterkomplex ist jedoch nicht zugänglich.

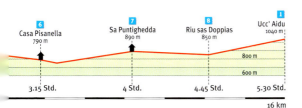

141

# Tour 32

Wir kehren zur **Ucca 'e Padronu** 4 zurück und wandern schräg rechts den Weg hinunter. Dann gehen wir an einer scharfen Linksabzweigung vorbei, durchschreiten sogleich ein Eisengittertor und laufen an der Gabelung den linken Weg hinunter. Kurz darauf kommt eine größere Wegverzweigung vor einem **Wasserhäuschen** 5 (2.30 Std.). Fünf Wege treffen hier zusammen: Wir folgen dem zweiten von links und gehen rechts am Wasserhäuschen vorbei.

Im Eichenwald wandern wir gemächlich bergab. Schließlich passieren wir ein Eisengittertor, stoßen auf eine Fahrstraße und folgen ihr nach links. Gegenüber der Abzweigung nach Burgos wenden wir uns rechts durch das Tor und gehen den Feldweg nach links auf die **Casa Pisanella** 6 zu. Der Weg schwenkt nach rechts und führt vor die Hofeinfahrt (3.15 Std.). Hier biegen wir an der tiefsten Stelle des Weges scharf rechts auf den grasigen, zunächst hangparallel verlaufenden Weg (nicht den schwächeren Weg nehmen, der mehr in die Niederung führt!).

Durch eine parkartige, offene Landschaft mit uralten Flaumeichen wandern wir gemächlich hangabwärts. Die Gegend trägt den Namen Pedras rujas – ›Rote Steine‹. Das alte Steinpflaster des Weges tritt noch an einigen Stellen zutage. Ein Brückchen führt uns über den Bachlauf des **Riu Caramaurpes.** Kurz danach erhebt sich rechts eine riesige Korkeiche mit ausgehöhltem Stamm, deren knorriges Geäst in den Himmel ragt. Wir passieren ein Eisengittertor, überqueren die Fahrstraße und wandern gegenüber durch ein Tor auf dem Weg weiter. Bald geht es an einer Rechtsabzweigung vorbei weiter bergab. In einer Senke überqueren wir einen Bachlauf und steigen dann wieder an.

An einer Verzweigung wandern wir nach rechts weiter hangaufwärts. An einer Linksabzweigung vorbei steigen wir durch eine Zedernallee an und erreichen bald die Forststation. Im Wald liegt das **Picknickgebiet Sa Puntighedda** 7 (4 Std.) mit Quelle. Wir verlassen die Asphaltstraße danach in der Rechtsbiegung und laufen geradeaus den Weg zum alten Forsthaus hinauf.

Daneben gelangen wir durch das Tor oder über den Holzzaun auf die

## Durch die Wälder der Catena del Goceano

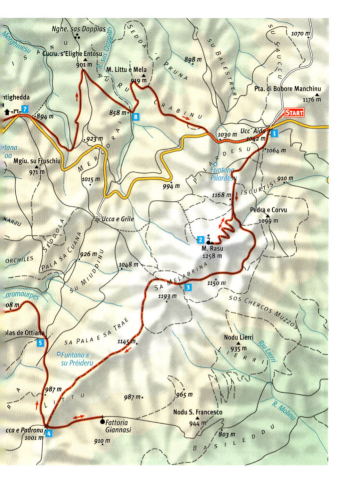

Fahrstraße. Wir folgen ihr kurz nach links, verlassen sie jedoch im Auslauf der Rechtskurve und gehen den Waldweg hinunter. Sogleich passieren wir ein Eisengittertor. Der Waldweg verläuft hangparallel und führt uns an einem Seitenweg vorbei, der links ins Tälchen des Riu Marghinesu absteigt. Auf einem Rücken überqueren wir einen Weg und kommen im Rechtsschwenk in ein Nachbartal hinab. Hier lassen wir die beiderseits abzweigenden Nebenwege unbeachtet, überqueren wir den **Riu sas Doppias** 8 (4.45 Std.) und wandern am Hang des Monte Littu 'e Mela em por. Wir folgen dem Hauptweg im Rechtsschwenk bergauf und lassen den geradeaus weiterführenden Nebenweg unbeachtet. An einer scharfen Linksabzweigung vorbei geht es geradeaus auf dem Bergrücken Su Ru Crabinu weiter empor. Schließlich stoßen wir auf die Fahrstraße und gehen nach links zur **Ucc' Aidu** 1 (5.30 Std.) zurück.

# Tour 33

# Panorama vom Tafelberg

## Rundwanderung auf den Monte Minerva

Mit steilen Flanken erhebt sich der Tafelberg des Monte Minerva inmitten einer eindrucksvollen Landschaft am Temo-Stausee. Weit schweift der Blick vom Rand der Hochfläche über eine einsame Waldweidelandschaft und hinüber zum Bergnest einer alten genuesischen Festung, die wie ein Adlerhorst an einem Kalksteinklotz klebt.

### DIE WANDERUNG IN KÜRZE

**Anspruch:** +

**Gehzeit:** 2.15 Std.

**Länge:** 8 km

**Charakter:** Leicht; kaum Schatten. Aufstiegspfad über Wiesenhänge; gemächlich auf Wegen über die Hochfläche; Abstieg auf Schotterstraße.

**Wanderkarte:** Carta topografica d'italia, 1:50 000, 479 (Ittiri)

**Anfahrt:** Von der SS292 etwa 1 km westlich der Abzweigung nach Monteleone Rocca Doria die südlich abzweigende Straße mit der Ausschilderung »Parco naturale Monte Minerva, Palazzo Minerva« nehmen. Nach 3 km auf dieser Straße folgen wir der beschilderten Linksabzweigung »Diramazione Palatu, Palazzo Minerva«. Die Straße endet nach 1 km am ehemaligen Gutshof Palazzo Minerva, heute Hotel/Restaurant (Tel. 079 96 00 05). Hier Parkmöglichkeit.

**Hinweis:** Bitte alle Tore wie im vorgefundenen Zustand hinterlassen!

Wir folgen dem Fahrweg links am **Palazzo Minerva** 1 vorbei. Der ehemalige Gutshof (heute Hotel/Restaurant) war einst im Besitz einer spanischen Adelsfamilie namens Minerva, zu deren weitläufigen Ländereien auch der Monte Minerva gehörte. Nach gut 100 m erreichen wir ein altes Gebäude mit der Aufschrift »Caseificio«, die ehemalige Käserei des Gutshofes. Hier an der Wegverzweigung wandern wir links ansteigend (offenes Tor) durch eine Zypressen-Kiefern-Allee hinauf. Wir verlassen

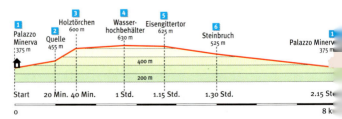

144

## Rundwanderung auf den Monte Minerva

den Fahrweg in der scharfen Rechtskehre am Ende der Allee und gelangen links durch ein Holztörchen (Schild »Sentiero M.L. 1300«) auf den Wanderpfad, der nun allmählich am Hang entlang ansteigt. Wir passieren eine **Quelle** 2 (20 Min.); kurz danach folgen wir dem Pfad (nun teils mit Steinen befestigt) um eine scharfe Rechtskehre und dann in weiteren Kehren zunehmend kräftiger bergauf. Am Hang gedeihen wilde Ölbäume, Myrte und Pankrazlilien; im März blühen Wildnarzissen.

Am Rande der Hochfläche des Monte Minerva durchqueren wir ein **Holztörchen** 3 (40 Min.). Nach 20 m (Steinmännchen) schwenkt der Pfad nach rechts (Südosten). Nun wandern wir über die offene Hochfläche des Monte Minerva, den **Planu 'e Pischina**; sein Name nimmt Bezug auf das seichte Gewässer, das sich hier in regenreichen Wintern bildet, im Frühjahr indes rasch austrocknet. Im Hintergrund ist die Hochfläche halbkreisförmig von einer Anhöhe eingerahmt.

145

# Tour 33

Nach wenigen Minuten stoßen wir auf einen Querweg (Fahrspuren), dem wir nach rechts folgen. Der Weg wird rasch deutlicher, führt links an einem eingezäunten Gelände (hier wird Aas für Geier ausgelegt) vorbei und steigt kurz danach an. Wir durchschreiten ein grünes Eisengittertor und erreichen hier die Anhöhe. Rückblickend bietet sich von hier eine schöne Sicht auf den Planu 'e Pischina. Wir wandern bald an einer Linksabzweigung vorbei an einem eingezäunten **Wasserhochbehälter 4** (1 Std.) entlang. Dahinter verlockt eine steinerne Sitzbank unter schattigen Steineichen zur Rast; daneben steht eine Holzhütte. Vom Rand der Hochfläche bietet sich hier ein grandioser Ausblick über die einsame Waldweidelandschaft des Berglandes von Montresta.

Der Weg verläuft auf gleichbleibender Höhe, ehe wir erneut ein **Eisengittertor 5** (1.15 Std.) passieren. Von den Felsen am Rand der Hochfläche schweift der Blick hier weit nach Norden über den Logudoro; in der Ferne sind die Häuser von Sassari erkennbar. Wie ein Adlerhorst klebt das kleine Bergnest Monteleone Rocca Doria auf einer Anhöhe über dem Temo-Stausee. Kaum etwas ließe die frühere Bedeutung des Ortes erahnen, könnte man nicht die Burgruine der einstmals stolzen Doria-Festung rechts der Häuser auszumachen. Monte-leone Rocca Doria – ›Berglöwe Doria-Fels‹ – wurde im 13. Jh. von der mächtigen genuesischen Adelsfamilie Doria gegründet, auf die auch die Küstenfestungen Castelsardo und Alghero zurückgehen. Heute hat der verschlafene Ort nurmehr 150 Einwohner, aber im Mittelalter war er eine bedeutende Bergfeste. Drei Jahre lang, von 1433 bis 1436, wurde Monteleone Rocca Doria von aragonesischen Truppen belagert. Durch die Hungersnot war Nicolò Doria schließlich zur Kapitulation gezwungen und die stolze Festung wurde nach ihrer Einnahme geschleift.

Der Weg führt nun in einer weiten Rechts-Links-Kehre bergab und wir passieren abermals ein Eisengittertor. In einer Rechtsbiegung teilt sich der Weg kurz, führt aber sogleich bei einem ehemaligen **Steinbruch 6** (1.30 Std.) wieder zusammen. Wir wandern weiter auf dem befestigten Hauptweg bergab, kommen oberhalb einer Hirtenstallung vorbei und passieren gleich danach ein weiteres Eisengittertor. Gemächlich zieht der Weg am Hang entlang bergab, und wir genießen einen herrlichen Blick nach Süden über einsames, überwiegend bewaldetes Hügel- und Bergland. Immer geradeaus wandernd, passieren wir ein weiteres Eisengittertor und gelangen schließlich durch die Allee am Gebäude des *caseificio* vorbei wieder zurück zum **Palazzo Minerva 1** (2.15 Std.).

# Tour 34

# Die Landspitze der Lilie

## Am Porto Conte zur Punta del Giglio

Wie ein Binnensee erscheint die herrliche Meeresbucht des Porto Conte bei Alghero. Durch lichten Pinienwald, zwischen Zwergpalmen und Agaven wandern wir zu den Klippen an der Punta del Giglio. Mit senkrechten Felswänden bricht das Vorgebirge ins blaue Meer ab, Möwen stürzen sich laut kreischend in die Tiefe.

### DIE WANDERUNG IN KÜRZE

| | |
|---|---|
| **+** Anspruch | **Charakter:** Leicht. Gute Wege; kaum Schatten. |
| | **Wanderkarte:** Carta topografica d'Italia, 1:50 000, 478 (Alghero) |
| **3 Std.** Gehzeit | **Einkehrmöglichkeit:** Keine |
| | **Anfahrt:** Von Alghero (13 km) auf der SS 127 über Fertilia zur Meeresbucht Porto Conte und an der Straßengabelung |
| **9 km** Länge | |

links weiter. Nach genau 1,2 km führt links zwischen dem Gesträuch ein Abzweig in die breite Brandschutzschneise. Hier Parkplatz und Infotafel/Parkwächterhäuschen am Beginn (Tor) des Wanderweges.

Neben dem Parkwächterhäuschen steht eine **Infotafel** **1** zum Naturpark Porto Conte, der zu den EU-Schutzgebieten Natura 2000 gehört. Wir gehen durch das Tor und wandern den Schotterweg (Sentiero principale) in den Pinienwald hinauf. Nach wenigen Minuten folgen wir dem Hauptweg im Linksschwenk und halten uns gleich danach an der Gabelung links. Der Weg verläuft ganz leicht ansteigend im Wald und gabelt sich schließlich vor einem **Holzschild »Foreste Parco Conte Località Punta Giglio«** **2** (15 Min.). Hier verlassen wir den Hauptweg und biegen nach links auf den Sentiero verde (›grüner Weg‹). Der schmale Weg schlängelt sich durch ein parkartiges Waldgebiet empor.

Das Kalksteinplateau ist mit Pinien, Zypressen und Phönizischem Wacholder bewachsen. Eine botanische Besonderheit ist die am Porto Conte verbreitete, sonst auf Sardinien eher seltene Zwergpalme (Chamaerops humilis). Diese einzige im europäischen Mittelmeerraum beheimatete Palmenart bleibt durch Beweidung oft buschig, doch erreicht ihr Stamm an unzugänglichen Standorten bis 4 m Höhe.

An einer **Gabelung** **3** (30 Min.) halten wir uns rechts und wandern allmählich um den Monte Rudedu. Überraschend öffnet sich im Wald ein schöner **Ausblick** **4** nach Osten über die Meeresbucht hinweg auf Alghero (45 Min.). 5 Min. später stoßen wir auf einen breiteren Quer-

147

# Tour 34

weg und biegen nach rechts. Nach einiger Zeit haben wir einen herrlichen Ausblick auf die Punta del Giglio und das jenseits des Porto Conte liegende Capo Caccia. Wir erreichen schließlich einen breiten **Querweg** 5 (Sentiero principale; 1.15 Std.), dem wir nach links folgen. Auf gleichbleibender Höhe wandern wir an einer breiten Rechtsabzweigung vorbei (unserer späterer Rückweg!) und passieren kurz danach zwei steinerne Torfposten. Danach teilt sich der Weg, die Arme führen jedoch an einer ehemaligen Kaserne aus dem Zweiten Weltkrieg wieder zusammen. Im Innern des Gebäudes finden sich martialische Graffiti der hier einst stationierten Soldaten.

Möwengeschrei kündet die nahe Küste an. Der Weg endet an einer Geschützstellung mit halb verfallenen Gebäuden in der Macchia. Steil brechen die Klippen an der **Punta del Giglio** 6 (1.45 Std.) ins Meer. Die ›Landspitze der Lilie‹ trägt ihren Namen vermutlich von der Dünen-Trichternarzisse oder Pankrazlilie *(Pancratium maritimum)*, die im Herbst große, duftende weiße Blüten hervorbringt. Noch häufiger zu sehen ist allerdings die Meerzwiebel *(Urginea maritima)* mit ihrer sehr großen, oft aus dem Boden herausragenden Zwiebel. Über die Meerenge hinweg, die sich landeinwärts zum Porto Conte weitet, bietet sich eine wunderschöne Sicht auf das gegenüberliegende Vorgebirge, das am Capo Caccia in steilen Klippen abbricht.

Wir gehen bis zu der Stelle zurück, wo wir von rechts gekommen sind, und wandern nun links den steinigen Weg (Sentiero giallo) hinab. Er führt allmählich zur Küste hinunter und steigt danach wieder an, um schließlich in unseren Hinweg einzumünden. Wir folgen ihm geradeaus in wenigen Minuten zu unserem Ausgangspunkt an der **Infotafel** 1 zurück (3 Std.).

## Porto Conte

Westlich von Fertilia öffnet sich eine tief in das Land eingreifende, beinahe allseitig umschlossene Meeresbucht, deren Eingang im Süden von zwei steil aufragenden Vorgebirgen beherrscht wird, den Kalksteinklippen des Capo Caccia und der Punta del Giglio. Dieser beste Naturhafen Sardiniens heißt heute Porto Conte, trug jedoch in der Antike den klangvolleren Namen Portus Nimpharum (›Hafen der Nymphen‹). Zu jener Zeit gab es am Rande der Bucht unweit des Nuraghen Sant' Imbenia ein römisches Landgut, doch hatte der Hafen offenbar keine größere wirtschaftliche oder militärstrategische Bedeutung. Eine Römerstraße führte jedoch von hier Richtung Alghero und überquerte den Stagno di Calich auf einer ursprünglich 24-bogigen Brücke. Dreizehn Bögen dieser im Mittelalter ausgebesserten Brücke sind bei Fertilia (unmittelbar neben der SS 127) erhalten.

148

# Am Porto Conte zur Punta del Giglio

Überfälle arabischer Seeräuber (Sarazenen) stellten das ganze Mittelalter hindurch eine Bedrohung Sardiniens dar. Kaiser Karl V., der als spanischer König auch über Sardinien herrschte, sammelte 1541 im Porto Conte eine Flotte aus 516 Schiffen mit 36 000 Soldaten, um militärische Stärke zu demonstrieren und Algier zu bezwingen. Erster Admiral der gewaltigen Streitmacht war der Genueser Andrea Doria. Vor der afrikanischen Küste nahm das Unternehmen einen verheerenden Ausgang, als ein Oktobersturm ein Drittel der Flotte vernichtete.

Zum Schutz vor den anhaltenden Piratenüberfällen ließ der spanische König Philipp II., der Sohn Kaiser Karls V., von 1587 an rund 80 Wachttürme an den sardischen Küsten errichten, davon allein drei am Porto Conte. Jeder dieser sogenannten Sarazenentürme stand mit den beiden benachbarten Türmen in Sichtkontakt. Man verständigte sich bei drohender Gefahr mit Flaggen und Rauchzeichen, sodass militärische Kräfte mobilisiert werden konnten, während sich die Bevölkerung landeinwärts in Sicherheit brachte.

**Tour 35**

# 654 Stufen in Neptuns Reich

### Von der Grotta di Nettuno zur Torre della Pegna

Von wilder Schönheit sind die Klippen am Capo Caccia. Schroff brechen die Felswände zum Meer ab, völlig unzugänglich ist der größte Teil der grandiosen Steilküste. Knapp über dem Wasserspiegel öffnet sich die berühmte Neptunsgrotte in den Klippen, eine zauberhafte Tropfsteinhöhle mit unterirdischem See.

---

**DIE WANDERUNG IN KÜRZE**

**++** Anspruch

**5 Std.** Gehzeit

**10 km** Länge

**Charakter:** Mittelschwer. Überwiegend weglos oder auf schmalen Pfaden über zerklüftetes Kalkgestein und Geröll durch die Macchia; nur bei guter Sicht empfehlenswert. Teilweise Steinmännchen und verblasste Farbmarkierungen. Orientierungssinn erforderlich. Kein Schatten.

**Wanderkarte:** Carta topografica d'Italia, 1:50 000, 478 (Alghero)

**Einkehrmöglichkeiten:** Snackbar oberhalb des Ausgangspunktes; Bar La Dragonara am Porto Conte

**Anfahrt:** Von Alghero (23 km) auf der SS 127 über Fertilia zum Golf Porto Conte und rechts um die Bucht herum in Richtung Capo Caccia/Grotta di Nettuno. Die Straße endet am Parkplatz, wo die Escala del Cabirol zur Grotta di Nettuno beginnt.

**Hinweise:** Die Führung durch die **Grotta di Nettuno** dauert 30–40 Min. **Bademöglichkeit** am Porto Conte.

---

Vom **Parkplatz 1** steigen wir an der Snackbar vorbei auf schmalen Pfaden durch das Buschwerk zu einem Trafohäuschen an. Hier gelangen wir auf eine Asphaltstraße, der wir in Serpentinen bergauf folgen. Vor dem eingezäunten Sperrgebiet um die **Militäranlage 2** (15 Min.) gehen wir nach rechts am Maschendrahtzaun entlang. Bald bietet sich ein fantastischer Ausblick auf die Steilküste; im Norden ist die Torre della Pegna erkennbar, unser Ziel. Rechts vor uns ausgebreitet erstreckt sich die große

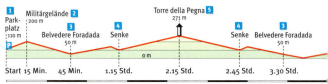

150

## Von der Grotta di Nettuno zur Torre della Pegna

Meeresbucht Porto Conte. Nach Norden wandernd entfernen wir uns allmählich vom Zaun und gehen weglos durch das Buschwerk, bis wir auf einen unscheinbaren, gerölligen Weg gelangen. Hangabwärts wandern wir in einigen Kehren zur Asphaltstraße am **Belvedere la Foradada** 3 (45 Min.). Vom Klippenrand an diesem Aussichtspunkt bietet sich ein atemberaubender Blick auf die senkrecht abbrechenden Kalksteinklippen und das vorgelagerte Felseiland Foradada. Unschwer ist auch vorstellbar, wie das Capo Caccia zu seinem Namen gekommen ist: Auf der schmalen Landzunge am ›Jagd-Kap‹ wurden einst Wildschweine gejagt und in die Enge getrieben.

Wir verlassen die Straße in der Rechtskurve am Belvedere und folgen einem der Pfade nach Norden. Stetig hangaufwärts wandern wir in der Nähe des Klippenrandes um die Cala d'Inferno, eine wilde, unzugängliche Meeresbucht. Dann führen die Pfade weiter ansteigend zum Rand einer Senke. Leicht nach links gehen wir nun in die unter uns liegende **Senke** 4 hinab und wandern auf der anderen Seite wieder hinauf. In der Nähe des Klippenrandes, aber mit ausreichendem Sicherheitsabstand wandern wir stetig ansteigend in nördlicher Richtung, bis schließlich die **Torre della Pegna** 5 (2.15 Std.) erreicht ist. Dieser alte Sarazenenturm erinnert an jene unruhigen Zeiten, als die Küstenbewohner Sardiniens in steter Angst vor Seeräu-

berüberfällen lebten. Zu ihrem Schutz wurden Ende des 16. Jh. unter dem spanischen König Philipp II. rund 80 Wachttürme entlang der Küste errichtet. Drei Wachttürme, die den Porto Conte bewachen, sind von hier aus sichtbar: die Torre del Tramariglio und die Torre del Bulo auf der westlichen sowie die Torre Nuova auf der östlichen Seite der Meeresbucht. Der kleine Kuppelbau vor der Torre della Pegna stammt aus dem Zweiten Weltkrieg.

Wir kehren auf demselben Weg zur Straße am **Belvedere la Foradada** 3 (3.30 Std.) zurück, wenden uns nach links zur Hauptstraße und folgen ihr über eine Brücke. Direkt dahinter gehen wir links den Weg hinab und unter der Brücke hindurch zur reizvollen Meeresbucht am Porto Conte hinab. Von der Bar La Dragonara fahren in der Saison Boote zur Grotta di Nettuno, wir jedoch ziehen nach einer Erfri-

# Tour 35

*Steilwand am Capo Caccia*

schung auf Schusters Rappen weiter und folgen dem ansteigenden Schotterweg. Links steht die Torre del Bulo, ein weiterer Sarazenenturm. Während wir auf dem Schotterweg allmählich an Höhe gewinnen, weitet sich der Blick über den nahezu kreisrunden Golf des Porto Conte (›Hafen des Grafen‹); gegenüber liegt die Punta del Giglio. Am Fuße der Klippen, vom Land weder sicht- noch erreichbar, öffnet sich die Grotta Verde zum Meer. In dieser Tropfsteinhöhle wurden Keramikscherben und Ritzzeichnungen mit menschlichen Darstellungen aus der Jungsteinzeit gefunden. Außerdem gab es hier ein kleines, den Nymphen geweihtes Heiligtum; in der Antike trug der Porto Conte den klangvolleren Namen Portus Nympharum – ›Hafen der Nymphen‹. Wir kommen schließlich auf die Asphaltstraße und gelangen geradeaus zum **Parkplatz** **1** (4.15 Std.) zurück. Hier beginnt die Escala del Cabirol, wie sie im katalanischen Dialekt der Algheresen heißt. In die senkrechten Klippen gehauen führt die ›Rehbock-Treppe‹ über 654 Stufen hinab zur Grotta di Nettuno, die sich direkt auf Meereshöhe öffnet. Mit ihrem unterirdischen See gilt die Neptunsgrotte als eine der schönsten Tropfsteinhöhlen des Mittelmeers. Buchstäblich atemberaubend ist der Aufstieg zurück zum **Parkplatz** **1** (5 Std.).

# Adressen

Auf der Homepage des Autors finden sich aktuelle Informationen rund ums Wandern auf Sardinien: www.andreas-stieglitz.de

Die sardische Fremdenverkehrszentrale Sardegna Turismo gibt gutes Info-material (auch auf Deutsch) heraus. Zum deutschsprachigen Internetauf-tritt gelangt man, indem man auf der Homepage rechts oben das un-scheinbare Kürzel DE anklickt.

Assessorato del Turismo, Artigianato e Commercio
Viale Trieste, 105
09123 Cagliari
Italien
Tel: 0039 070 606 72 26
Fax 0039 070 606 72 78
www.sardegnaturismo.it

Die sardische Forstbehörde hat eine 36-seitige Broschüre »Un'Isola di sentieri. 76 itinerari per il trekking in Sardegna« mit 12 großformatigen Wanderkarten herausgegeben. Darin beschrieben sind 76 offizielle, gut markierte Wanderrouten (Rund- und Streckenwanderungen). Erhältlich in der gedruckten Version oder als PDF von der

Ente Foreste della Sardegna
Viale Luigi Merello, 86
09123 Cagliari
Italien
Internet (mit Download-Link): www.sardegnaforeste.it
Download der PDFs direkt: www.sardegnadigitallibrary.it,
www.sardegnaambiente.lt

www.sardinien.com ist das größte und umfangreichste Sardinien-Portal in deutscher Sprache (Redaktionssitz ist Cagliari). Verlässlich recherchiert und ständig aktualisiert bietet das Portal neben praktischen Reiseinfor-mationen aktuelle Nachrichten, Veranstaltungshinweise sowie Reporta-gen, Porträts, Reisetipps und einen informativen Blog zum Thema Sardinien.

www.ferien-in-sardinien.com ist ein Internet-Reiseportal mit großer Aus-wahl an besonders empfehlenswerten, landestypischen Unterkünften auch im Landesinnern (Agriturismo, Bed & Breakfast, Ferienhäuser, fami-liär geführte Minihotels usw.), die sich bequem über eine interaktive Karte finden lassen. Für Wanderer ganz besonders empfehlenswert, da sich die Reiseroute optimal (einschließlich Flügen, Fähren, Leihwagen) planen lässt.

# Register

**A**nnidai 45
Anspruch 7
Antepadentes 64
Arcipelago della Maddalena 19
Arcu Artilai 71, 72
Arcu Gennargentu 72
Aritzo 75, 79, 82, 83
As Piscinas 44
Ausrüstung 7

**B**acu 'e Muru 53
Bau Lassa 61
Baunei 51
Belvedere la Foradada 151
Belvi 81
Bolotana 136
Brunnenheiligtum Santa Cristina
    129, 132
Buchera Petra Ruvia 47

**C**ala di Luna 28
Cala Gibudda 94
Cala Goloritze 45
Cala Gonone 27, 28
Capo Caccia 152
Capo Spartivento 93, 94
Capo Testa 21
Caprera 16
Casa Garibaldi 20
Casa Pisanella 142
Catena del Goceano 140
Chiesetta Santa Luisa 120
Chiesa San Pietro di Golgo 43
Codula de sa Mela 48
Codula Fuili 27
Conca de Seda 126
Convento dei Sette Fratelli 86
Cuile Televai 48

**E**leonora von Arborea 9

**F**attoria Giannasi 141
Ferrero Conte di La Marmora,
    Alberto 74

Fruncu Nieddu 28
Funtana di Zi'Arbara 75, 79
Funtana is Alinus 81
Funtana Is Bidileddos 72

**G**aribaldi, Giuseppe 20
Gehzeiten 7
Genna Eidadi 116
Genn'e Spina 115
Genna Farracceus 115
Genna Flore 117
Genna Inter Montes 53
Gennargentu-Massiv 69, 74, 83
Giardino botanico della Giara 124
Gola su Gorropu 33
Grotta Cabu de Abba 63
Grotta di Nettuno 150
Grotta di San Giovanni 100, 103
Grotta Oddoana 28
Grotta su Mannau 105
Grotta Su Marmuri 61
Gutturu Farris 99, 103
Gutturu is Abis 111

**I**s Tostoinus 64

**K**arten 7
Kastanien 83
Köhlerterrassen 69
Kooperative ›Su Sinniperu‹ 45

**L**a Giara di Gesturi 120, 124

**M**accione 39
Maltzan, Heinrich von 20
Marganai 96
Markierungen 6
Meseddu de Texile 76
Mitza Predi Giuanni Antoni 103
Mitza Salamessi 123
Monte Rasu 141
Montarbu 66
Monte Arci 126, 128
Monte Arcuentu 117, 119

# Register

Monte Corrasi 40
Monte dei Sette Fratelli 84, 88
Monte Limbara 24
Monte Linas 116
Monte Minerva 144
Monte sa Guardia Manna 94
Monte Teialone 19
Monte Tiscali 34
Monte Tonneri 68, 69
Monte Zeparedda 123
Montimannu 110

**N**otruf 7
Nuraghen 9, 14, 38, 47, 61, 63, 65, 87, 105, 121, 122, 129, 130, 131, 148

**O**bsidian 128

**P**alazzo Minerva 144
Parco Acquafrida 126
Pass Ucc' Aidu 140
Pauli Maiori 122
Pauli Piccia 122
Pedralonga 54
Planu Campu Oddeu 46, 49
Planu 'e Pischina 145
Poggio Rasu 18
Ponte sa Barva 30, 34
Porto Campana 94
Porto Conte 147, 148
Pozzo Sacro Perdu Isu 64
Punta Acuta 23
Punta Badde Urbara 133
Punta Cammedda 114, 116
Punta del Giglio 148
Punta La Marmora 70, 73
Punta Piscina Irgas 112
Punta Sa Campana 138
Punta San Michele 101, 102
Punte Sette Fratelli 86

**R**ena di Ponente 23
Rifugio Sa Crista 71
Riu Bau Desulo 81
Riu Cannisoni 111, 113
Riu Caramaurpes 142
Riu d'Oridda 111
Riu Maidopis 84, 89

Riu sas Chias 136
Riu sas Doppias 143
Riu Semineddas 47
Riu su Arase 75
Riu su Guventu 86

**S**a Canna 61
Sa Curtigia de Tiscali 36
Sa Melabrina 141
Sa Perda 'e Pibera 115
Sa Puntighedda 142
Sa Ucca 'e Padronu 141
Santa Maria Navarrese 53, 54
Sarra di Mezzu 24
Scala de Sùrtana 34
Scaleddas 51
Serra Ischedduri 47
Serra Perdu Isu 64
Sicherheit 7
Sorgente Fustiolau 126
Su Candelassargiu 65
Su Gruttoni Mauris 98, 102
Su Piazzale 40
Su Pradu 40
Su Pussu 60
Su Segau 63
Su Sterru 44
Su Vitiglio 59
Supramonte di Urzulei 46

**T**accu Isara 62
Taquisara 63
Tempio di Antas 104, 107, 109
Torre della Pegna 151
Torre di Chia 93, 95
Trèbina Longa 126

**U**cca 'e Padronu 142
Ulassai 58

**V**alle della Luna 22
Valle di Oddoene 33
Vallicciola 24

**W**andersaison 6
Wasser 131
Wege 6
Wollsäcke 88

# Abbildungsnachweis/Impressum

Titelbild: LOOK, München (v. Dierendonck)
Alle übrigen Fotos in diesem Buch stammen vom Autor Andreas Stieglitz, Frankfurt a. M.

Karten und Höhenprofile: DuMont Reisekartografie, Fürstenfeldbruck
© DuMont Reiseverlag, Ostfildern

**Titelbild:** An der Ostküste, nördlich von Santa Maria Navarrese

**Über den Autor:** Andreas Stieglitz, 1961 in Kassel geboren, studierte Geografie und Germanistik. Er lebt in Frankfurt am Main und arbeitet als Reiseleiter, Reisejournalist, Übersetzer und Fotograf. In der Reihe DuMont Wanderführer sind von ihm auch die Bände Azoren, Irland, Odenwald und Pfälzerwald erschienen.

---

**Bitte schreiben Sie uns, wenn sich etwas geändert hat!**
Alle in diesem Buch enthaltenen Angaben wurden vom Autor nach bestem Wissen erstellt und von ihm und dem Verlag mit größtmöglicher Sorgfalt überprüft. Gleichwohl sind – wie wir im Sinne des Produkthaftungsrechts betonen müssen – inhaltliche Fehler nicht vollständig auszuschließen. Daher erfolgen die Angaben ohne jegliche Verpflichtung oder Garantie des Verlages oder des Autors. Beide übernehmen keinerlei Verantwortung und Haftung für etwaige inhaltliche Unstimmigkeiten. Wir bitten dafür um Verständnis und werden Korrekturhinweise gerne aufgreifen:
DuMont Reiseverlag, Postfach 31 51, 73751 Ostfildern
E-Mail: info@dumontreise.de · Internet: www.dumontreise.de

---

5., aktualisierte Auflage 2016
© DuMont Reiseverlag, Ostfildern
Alle Rechte vorbehalten
Redaktion/Lektorat: Heike Pasucha, Sebastian Schaffmeister
Grafisches Konzept: Groschwitz, Hamburg
Printed in China